惠泽千载 光耀后世

晋城国保丛览 陵川卷

晋城市人大常委会 晋城市文化和旅游局 编

文物出版社

图书在版编目（CIP）数据

惠泽千载　光耀后世：晋城国保丛览．陵川卷／晋
城市人大常委会，晋城市文化和旅游局编．-- 北京：文
物出版社，2025.6.-- ISBN 978-7-5010-8496-8

I. K872.25

中国国家版本馆 CIP 数据核字第 2024VD9220 号

惠泽千载　光耀后世——晋城国保丛览·陵川卷
HUI ZE QIANZAI　GUANG YAO HOUSHI —— JINCHENG GUOBAO CONGLAN · LINGCHUAN JUAN

编　　者：晋城市人大常委会　晋城市文化和旅游局

责任编辑：许海意
责任印制：张　丽
装帧设计：王　露

出版发行：文物出版社
社　　址：北京市东城区东直门内北小街 2 号楼
网　　址：http://www.wenwu.com
邮　　箱：wenwu1957@126.com
经　　销：新华书店
印　　刷：上海雅昌艺术印刷有限公司
开　　本：889 mm×1194 mm　1/16
印　　张：17.5
版　　次：2025 年 6 月第 1 版
印　　次：2025 年 6 月第 1 次印刷
书　　号：ISBN 978-7-5010-8496-8
定　　价：1600.00 元（全七册）

惠泽千载 光耀后世——晋城国保丛览·陵川卷

编委会

主　任：常　青

副主任：李翠叶　窦三马　史晓莉　王贵平　王学忠　董小清
　　　　侯贵宝　闫建升　原光辉

委　员：王　毅　王东胜　郑忠社　张建军　王　强　卫　娟
　　　　郭　婕　孟晓芳　孔宏伟　王雪瑞　申　飞　赵　静
　　　　梁丑仁　郭秀军　李　丽　常沁芳　高常青　李志强
　　　　申志国　陈雄军　靳雅芬　王小斌　焦江峰

主　编：常　青

副主编：王　毅　王东胜

审　稿：王春波　肖迎九　张广善　冯敏莹　柴斌峰　刘鳞龙

撰　稿：（按姓氏笔画为序）
　　　　马栓贵　申莉萍　段明月　秦宏平　程　勇　翟苏旗

陵川历史悠久，文化积淀深厚。早在旧石器时代，这里就有晚期智人逐水而居，采集狩猎，开启了陵川悠久历史的序幕。四万年前的麻吉洞遗址、两万六千年前的塔水河遗址、战国时期的长城遗址、北魏的宝应寺石窟、唐代的圪塔摩崖造像、各具特点的宋金木构、星罗棋布的明清建筑……这些文物遗存无不见证着陵川悠久的历史和厚重的文化。全县目前登记在册的不可移动文物共 1053 处，古遗址、古墓葬、古建筑、石窟寺及石刻、近现代史迹及代表性建筑等类型全部涵盖，数量之多、种类之全、时代序列之完整，实属罕见。

陵川 1053 处不可移动文物中，有全国重点文物保护单位 17 处，国保数量在全省、全国均名列前茅。在这 17 处国保中，仅元代以前的木结构建筑就有 15 处，单体建筑 19 座，堪称早期古建筑博物馆。它们或气势恢宏，或小巧精致；或声名显赫，或偏居僻壤；或雄浑古朴，或典雅秀丽；或结构规整，或独具特色。这些国保价值极高，特点各异，但长期"养在深闺人未识"，仅为少数文物爱好者和业内专家学者所欣赏、研究，需要我们深入挖掘、详细阐释，让更多的人认识、了解它们。

习近平总书记指出："让收藏在博物馆里的文物、陈列在广阔大地上的遗产、书写在古籍里的文字都活起来。"让文物活起来，首要的就是做好挖掘、阐释。《惠泽千载 光耀后世——晋城国保丛览·陵川卷》正是基于以上考虑而编辑出版的。本书以翔实的文字、丰富的照片和图纸，从遗产概况、建筑特点、价值特色、文献撷英等方面，详细阐释了每处国保的历史沿革、规划布局、结构形制，以及与众不同的特色，以期读者能对陵川17处国保有一个全面的认知和了解。

文物默默不语，却见证着世事变迁，诉说着人间百态。让我们跟随本书，一起感知这些文物所折射出的恒久魅力、所蕴含着的灿烂历史和优秀文化传统。

编委会

二〇二五年六月

目 录

晋城市全国重点文物保护单位基本信息统计表（陵川）

编号	名称	时代	地址	国保批次	公布文号	公布时间
1	南吉祥寺	北宋至清	陵川县礼义镇平川村	第四批	国发〔1996〕47号	1996.11.20
	北吉祥寺	北宋至清	陵川县礼义镇西街村			
2	小会岭二仙庙	北宋至清	陵川县附城镇小会村东南约800米处小会岭上	第五批	国发〔2001〕25号	2001.06.25
3	龙岩寺	金至明	陵川县礼义镇梁泉村			
4	崔府君庙	金至清	陵川县礼义镇北街村			
5	西溪二仙庙	金至清	陵川县崇文镇岭常村			
6	塔水河遗址	旧石器时代	陵川县夺火乡塔水河上游左岸的"Z"字形拐弯处	第六批	国发〔2006〕19号	2006.05.25
7	寺润三教堂	金	陵川县杨村镇寺润村			
8	三圣瑞现塔	金	陵川县西河底镇积善村			
9	玉泉东岳庙	金至清	陵川县附城镇玉泉村			
10	石掌玉皇庙	金至清	陵川县潞城镇石掌村			
11	南神头二仙庙	金至清	陵川县潞城镇九光村石圪峦自然村			
12	白玉宫	金至清	陵川县潞城镇郊底村			
13	崇安寺	元至清	陵川县崇文镇城西社区古陵路1号			
14	北马玉皇庙	金至清	陵川县附城镇北马村	第七批	国发〔2013〕13号	2013.03.05
15	南召文庙	元至清	陵川县平城镇南召村			
16	田庄全神庙	元至清	陵川县附城镇田庄村	第八批	国发〔2019〕22号	2019.10.07

北吉祥寺全景

北吉祥寺 / BEI JIXIANG SI

一、遗产概况

北吉祥寺位于陵川县礼义镇西街村，坐落在村中央高岗上，坐北朝南，东西宽 31 米，南北长 88 米，占地面积 2728 平方米。据寺内存碑记载，北吉祥寺创建于唐大历年间（766—779），宋、元、明、清四朝屡次修葺。宋太平兴国三年（978）赐额"北吉祥之院"，现存建筑前殿、中殿为宋代遗构，余皆为明清重建。

寺院规模宏敞，布局严谨，原为三进式格局，一进院前面两侧原有钟鼓楼，钟鼓楼前坡下原有"春秋楼"（山门），分别于 20 世纪 50 年代和 70 年代拆毁。当年寺前还有四株号称"四大天王"的古松，三株已遭砍伐，现仅剩西南一株还郁郁葱葱。现存两进院，中轴线上有前殿、中殿、后殿，两侧为掖门、厢房、配殿、禅房、耳殿。

北吉祥寺历史悠久，被历代推崇，在宗教界声名显赫。宋太平兴国三年（978）的牒文，赋予了北吉祥寺一个极高的地位：泽州 32 所无名额寺院，都需要依附于北吉祥寺，并悬挂北吉祥寺院额。

1996 年 11 月 20 日被国务院公布为第四批全国重点文物保护单位。

2002—2004 年，对北吉祥寺中轴线上三座大殿实施了全面维修；2014—2015 年，对其余建筑实施了全面维修。

01　北吉祥寺全景

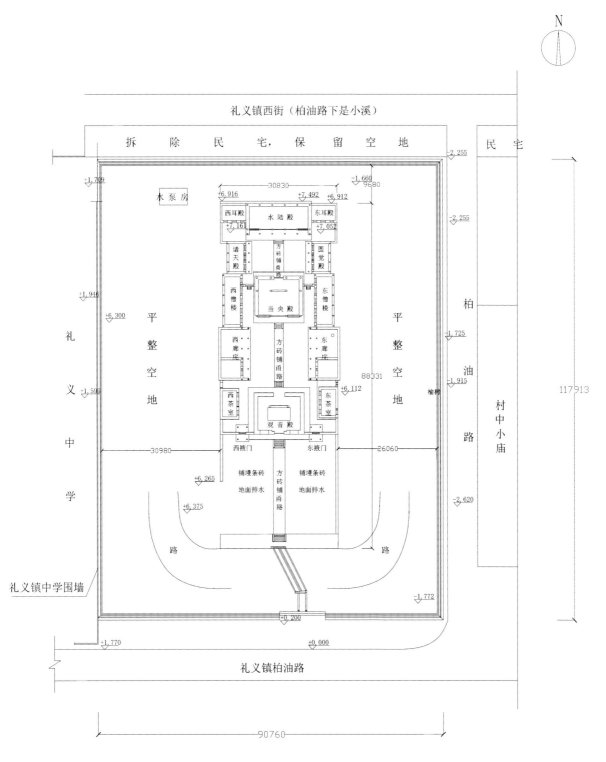

N

礼义镇西街（柏油路下是小溪）

拆 除 民 宅，保 留 空 地

民 宅

水泵房

西耳殿 | 水 陆 殿 | 东耳殿

诸天殿 | 方砖铺甬路 | 圆觉殿

西僧楼 | 当 央 殿 | 东僧楼

西廊庑 | 方砖铺甬路 | 东廊庑

西茶室 | 东茶室

观 音 殿

西掖门 | 东掖门

铺墁条砖 地面排水 | 方砖铺甬路 | 铺墁条砖 地面排水

路 | 路

礼义镇中学围墙

礼义镇柏油路

柏油路

村中小庙

礼义中学

榆树

平整空地

平整空地

北吉祥寺

+1.709
-2.255
+6.916 +7.492 +6.912
-1.660 9680
30830
+7.161 +7.052
-2.255
+1.946
+6.300
-1.725
+6.112
-1.915
88331
+1.599
30980
26060
117913
+6.265
+6.375
-2.620
-1.772
+0.200
+1.770 +0.000
90760

02　北吉祥寺总平面图资料

二、建筑特点

北吉祥寺建在高岗台地，院落面积 2445 平方米。中轴线上从南至北依次建有：春秋楼（已毁）、观音殿（前殿）、当央殿（中殿）、水陆殿（后殿）。两侧建有钟鼓楼（已毁），现在一进院已成为观音殿前广场。观音殿两侧建有掖门和东西茶室，二进院建有东西廊庑，当央殿两侧建有东西僧楼，三进院东侧建有圆觉殿、西侧建有诸天殿，水陆殿两侧建有东西耳殿。二、三进院之间建有隔墙，中置圆光门。

前殿、中殿均为宋代遗构，尤其是中殿，单檐悬山顶，梁架简洁、建筑手法古朴，保留了北宋风格。后殿为明代建筑。

（一）观音殿（前殿）

前殿面阔三间，进深六椽，单檐歇山顶。前殿台基通面阔 16.3 米，通进深 13.52 米，前檐高 1.08 米，后檐高 0.75 米，顺砖垒砌，间隔石蜀柱，周铺散水。台明之外于前檐明间设踏垛七步、后檐明间设踏垛五步。建筑占地面积 220.7 平方米，殿内外地面方砖淌白细墁。殿顶举折平缓，出檐深远，殿顶檐角曲折，灵动翼飞。柱头斗栱五铺作，单杪单下昂，补间施隐刻栱。梁架为四椽栿压后乳栿通檐用三柱。殿顶三彩琉璃吻兽，留有清咸丰九年（1859）烧造题记。

03　北吉祥寺前殿

前殿为彻上露明造，横向看属六架椽屋四椽栿对后乳栿，通檐用三柱，周檐柱头之上施阑额和普拍枋。在前后下平槫之间又施四椽栿一道，上置蜀柱承托平梁，平梁之上施蜀柱、丁华抹颏栱及叉手共同承托脊部。各蜀柱底部的两侧施合㭼。各槫接缝处均撑以托脚。两道四椽栿之间置驼峰座斗隔承。纵向看上下平槫均用实拍襻间和替木承托，相邻两缝梁架之间的蜀柱上端穿顺身串，金柱间施联络枋，脊槫之下为半栱连身对隐的双材襻间。前槽两次间施爬梁，梁头搭卧在南山柱铺作之上，梁尾卡扣于上、下四椽栿之间。后槽两次间各施丁栿一根，其前端与北山柱头斗栱结构形成耍头伸至外檐，其尾与金柱斗栱结合一体并与乳栿交构顶托四椽栿尾段；在爬梁与丁栿之上置有蜀柱、合㭼，蜀柱之上托有座斗、系头栿、平梁等构件，在各系头栿外侧斜戗托脚。两山出际为1.23米。各转角处施有大角梁、仔角梁、隐角梁、递角梁、抹角梁等构件。

两金柱底各设有青石质宝装莲瓣式覆盆柱础一枚，础盘边长1.04米，盘厚0.31米，其上覆盆高凸0.09米，盆唇高0.01米。与宋《营造法式》相关规定也基本相符。

04 前殿脊刹

05 前殿正吻

06 前殿转角铺作

07 前殿柱头铺作

　　周檐阑额普拍枋之上共置12朵五铺作柱头斗栱。外转单杪单下昂重栱计心造，柱头枋隐刻泥道慢栱，前、后檐耍头为昂形，两山耍头呈蚂蚱形，前檐里转出双杪托压跳承四椽栿，后檐里转昂尾做压跳承乳栿，耍头后尾呈挑斡做法挑于下平槫与蜀柱的结点。两山前槽里转斗栱出双杪，头跳之上施异型栱与上层华栱十字相交，二跳头上托压跳及爬梁。后槽里转斗栱偷心出单杪，托压跳承丁栿。转角处泥道栱与华栱出跳相列，两侧瓜子栱与45度角斜出的头昂相交，两侧令栱与由昂相交。该殿不设补间铺作，而在一层柱头枋中央隐刻荷叶墩或菱形墩，上又隐刻扶壁栱，上置三枚散斗隔承。殿内金柱斗栱单杪托楂头，明间出重栱，泥道栱伸向次间呈头状，其上慢栱与丁栿为连体。该殿斗栱用材与宋《营造法式》相符。

　　两山出际为1.23米。各转角处施有大角梁、仔角梁、隐角梁、递角梁、抹角梁等构件。

　　前殿为单檐歇山琉璃剪边布瓦顶，置有九脊十兽，即一条正脊、四条垂脊、四条戗脊及各脊端的吻兽，皆为黄绿相间的琉璃制品。

　　龙形正吻各由八拼组成，口吞正脊，怒目前视。吻身正背两面各饰一条双爪四指飞龙，尾部外曲回卷。

　　殿中曾有唐代铸造的铁佛像一尊，已遗失。

08　前殿梁架

09　前殿梁架

10　西掖门脊饰

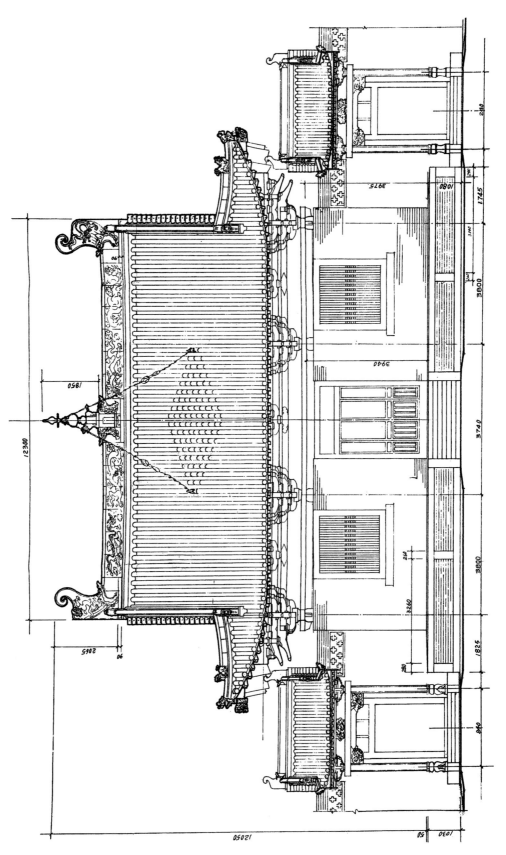

11 前殿正立面图资料

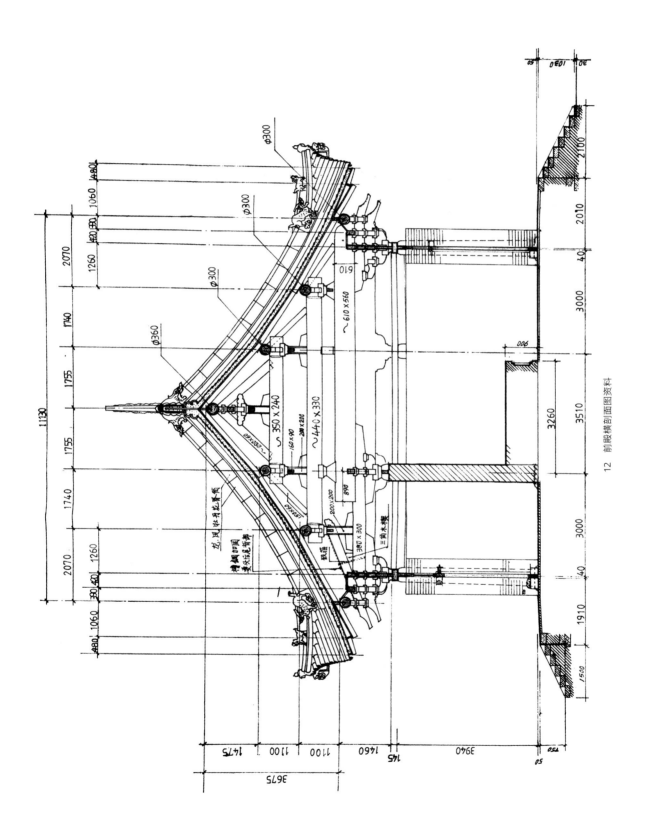

12 前殿横剖面图资料

（二）当央殿（中殿）

中殿砖砌台基，面阔三间，进深六椽，单檐悬山顶。梁架结构为四椽栿压后乳栿，通檐用三柱。前檐斗栱为五铺作双杪，后檐斗栱四铺作单杪。共用柱12根，其中金柱2根，山柱2根，檐柱8根。转角处用4根方形砂石柱，其余为圆木柱，砂石柱收分明显。前檐柱下施覆莲柱础，金柱下施覆盆柱础。中殿瓦顶为筒板布瓦，正脊与垂脊脊筒均为灰陶质地，两面塑有龙、凤、花卉、人物，均为清代作品。正吻和脊刹为琉璃制品。

13　中殿

14 中殿梁架

15 中殿梁架

16 中殿梁架

17 中殿梁架

18 中殿梁架

19　中殿前檐铺作

20　圆光门

21　中殿正吻

22　中殿脊刹

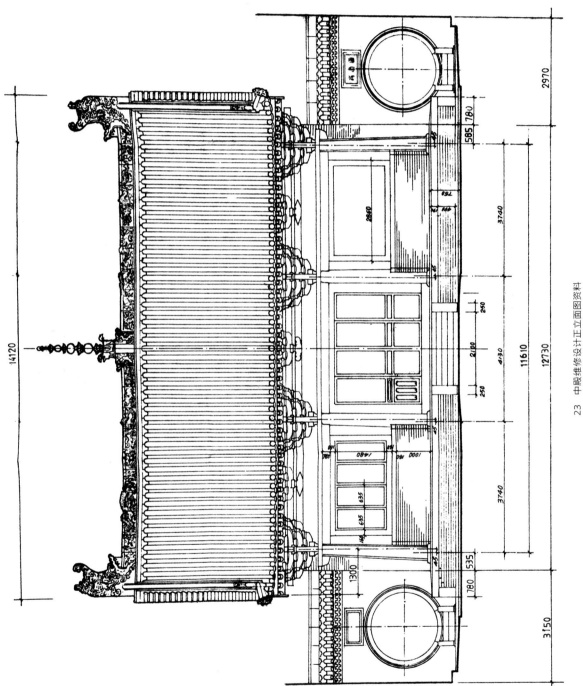

23 中殿维修设计正面立面图资料

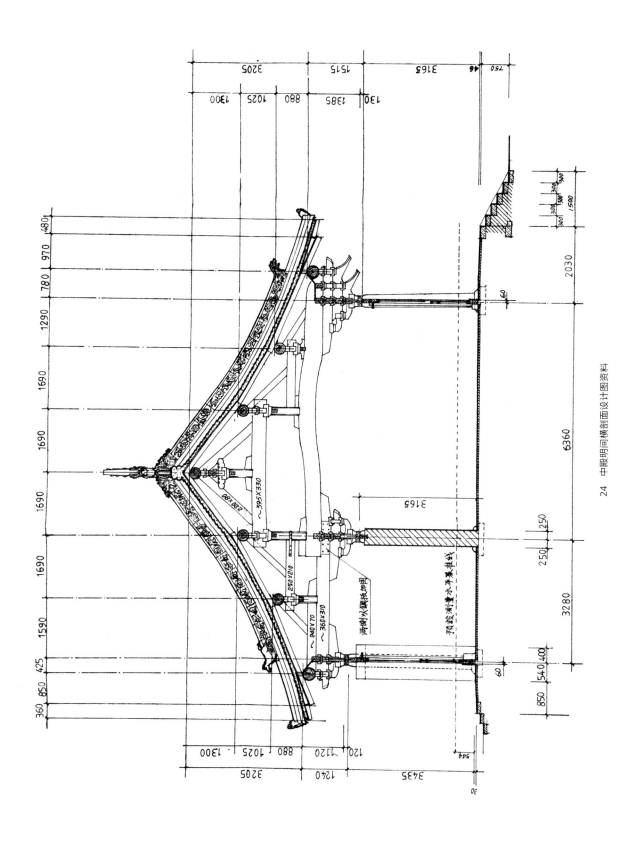

24　中殿明间横剖面设计图资料

（三）水陆殿（后殿）

后殿为明代建筑，面阔五间，进深五椽，单檐悬山顶，六檩前出廊。柱头斗栱五踩双昂。明间与次间置隔扇门，梢间置插接直棂窗。瓦顶为筒板布瓦，正吻、脊刹为琉璃制品，正脊、垂脊脊筒皆为灰陶质。殿内山墙绘"达摩只履西归""吕洞宾参黄龙""阿育王参宾头"等佛教故事壁画。

（四）东西茶室

东西茶室面阔三间，进深四椽。由于地方建筑手法，前后檐不施柱子，四面砌墙，前檐台明出墙47厘米，压沿石宽28厘米×18厘米。墙体外包条砖，内壁下部包砌坎墙，上部为土坯墙，外抹灰泥。东西茶室进深四椽，梁架为五架梁上施平梁，平梁头承金檩、替木。平梁头下施蜀柱，蜀柱头施金枋，金枋、平梁均为自然弯曲木材。平梁中施蜀柱，柱头承脊檩，前后檐不施檐檩。东西茶室屋顶为单檐悬山式。前后檐椽出70厘米，无飞椽，板瓦屋面，正脊为脊筒子，上雕卷草纹等图案。

26　后殿梁架

27　后殿梁架彩绘与山墙壁画

28 后殿脊刹

29 后殿斗栱

30 后殿斗栱

31 圆觉殿斗栱

（五）东西廊庑

东西廊庑面阔五间，进深四椽。两山与后檐砌墙，墙体内外包砌。明间南缝砌隔墙通达脊檩，南次间、南梢间金柱缝砌檐墙，组成一个单间并分上下层。殿内前缝施金柱，柱子为方形砂石柱，前廊柱两角柱包在山墙内。东西廊庑梁架为前抱头梁对后五架梁，五架梁上施平梁，平梁头承金檩、替木，平梁中施蜀柱、叉手，承脊檩。南单间下层顶施承重、楞木、楼板、泥层、铺地砖。东西廊庑屋顶为单檐悬山式。前后檐无飞椽，板瓦屋面，正脊、垂脊为脊筒子，上雕花卉等图案，无脊刹。

（六）东西僧楼

东西僧楼面阔五间，进深四椽。殿四面砌墙，柱子包在墙内，室内分上下两层。东西僧楼梁架为五架梁上承平梁，平梁头上承金檩、替木，平梁头下施短柱、金檩，平梁中施蜀柱、叉手，承脊檩。前后檐不施檐檩。下层顶施承重、楞木、楼板、泥层、铺地砖。东西廊庑屋顶为单檐悬山式。前后檐无飞椽，板瓦屋面，正脊、垂脊为脊筒子，上雕花卉等图案，无脊刹。

（七）圆觉殿、诸天殿

圆觉殿、诸天殿面阔三间，进深四椽，前带廊。廊柱为方形砂石柱，金柱缝与两山、后檐砌墙。金柱包在墙内。圆觉殿、诸天殿柱头施大额枋、平板枋。柱头科为三踩单昂，槽心施正心瓜栱、槽升子、正心枋，枋上隐刻泥道慢栱，每间平身科部位施云墩，外雕高浮雕花卉。圆觉殿、诸天殿梁架前单步梁对后五架梁，五架梁上蜀平梁，梁头承金檩，梁头下施蜀柱，柱头施金枋，平梁中施蜀柱、叉手。柱头承脊檩，后檐无檐檩。圆觉殿、诸天殿屋顶为单檐悬山式。前后檐无飞椽，板瓦屋面，正脊、垂脊为脊筒子，上雕花卉等图案，无脊刹。圆觉殿、诸天殿明间施板门，两次间置窗。

（八）东西耳殿

东西耳殿面阔三间，进深四椽。东耳殿前、后檐与东山砌墙，西耳殿前、后檐与西山砌墙，分上下两层。下层顶施承重楞木、楼板、泥层、铺地砖。单檐硬山式板瓦顶。东西耳殿梁架为五架梁上承平梁，前、后檐不施檩。

（九）东西过道屋顶

东西过道面阔一间，进深三架椽。两山借用廊庑与茶室的墙体，后墙借用院墙。东西过道无梁架，仅用檩。前后檐无飞椽，板瓦屋面，正脊为脊筒子，上雕花卉等图案，无脊刹、无垂脊。

三、价值特色

北吉祥寺是我国为数不多的早期建筑遗存，是建筑史、艺术史、技术史的珍贵实物例证，保存基本完整，布局规整，是颇具地方风格的古代建筑群。其建筑选址、布局、造型、装饰与工艺等方面都体现了较高的水平，尤以前殿与中殿为宋金元时遗物，结构古朴、舒朗大方，其大木结构颇具晋东南地区宋代风格的建筑特征，是研究宋、金建筑手法演变的珍贵实物资料。

北吉祥寺历经数代修建，兴衰更迭，形成现今的规模，其发展的历程及元、明、清及近代的屡次修缮，为研究晋东南地区的社会发展及建筑发展历史留下了丰富的历史文化信息。

（一）历史价值

北吉祥寺规模较大，布局完整，内含始建于金代以前的早期建筑遗构，是研究晋东南地区古代庙宇的规划布局和建设发展的宝贵实物例证；寺内保存的石碑、石碣对于考证北吉祥寺以及礼义镇的历史发展以及历史人物的活动有重要的作用，而寺内存留的彩画、琉璃构件等装饰品对研究古代晋东南地区的艺术发展历史有重要意义。

寺院现存主要建筑分别为宋、金、元、明、清各朝代的实物遗存，其修建及历次修缮的历史痕迹，展现了文物古迹自身的发展变化，对研究晋东南地区古建筑结构、形制发展变化历程有重要意义，因此具有较高的历史价值。

（二）艺术价值

北吉祥寺的建筑空间形态、造型、装饰等体现了晋东南早期建筑的较高水平，具有较高的建筑艺术价值；附属于文物古迹的造型艺术品，包括木雕、绘画和琉璃等具有浓厚的地域色彩，选材考究，比例匀称、题材广泛、技法多样、工艺精良、精致美观，具有丰富的艺术效果，真实地反映了元、明、清等不同时期建筑、雕刻、绘画等艺术发展水平及审美情趣。

北吉祥寺整体具有较高的艺术创意构思水平，具有极高的艺术价值。

（三）科学价值

北吉祥寺规划选址及土城台砌筑设计独到，考虑周详，对于防灾有重要作用。北吉祥寺的建筑布局是陵川地区寺庙的典型代表，具有研究的价值。其建筑结构、建造工艺表现了当时当地较高的技术水平，对于抵御各种自然侵蚀，延长建筑使用寿命有重要价值。

（四）社会文化价值

北吉祥寺作为礼义镇曾经的宗教信仰的重要场所，蕴含丰富的社会历史文化内涵。由于历史原因，北吉祥寺已经失去了本身的宗教功能，远离了礼义镇的民俗生活，但其作为礼义镇历史记忆的物质载体，在当地仍具有一定的社会情感价值。同时，北吉祥寺作为古代建筑、艺术、传统生活的珍贵实物遗存对于公众仍具有较高的社会文化价值。

北吉祥寺建筑选址造型等方面较为独特，艺术水准较高，具有相当高的观赏性，且内部空间环境良好，适宜作为游览地对公众开放，对当地的发展具有一定的社会经济价值。

四、文献撷英

寺内存有北宋太平兴国三年（978）至明、清时期碑刻多块。宋太平兴国三年立的《北吉祥寺》石碑记载有中书门下为北吉祥寺赐额之事。这块碑文验证了一个事实：北吉祥寺不仅历史悠久，而且在宗教史上还曾拥有非凡的地位。宋太宗时期开办寺院需有"合法身份"，而宋太平兴国三年（978）的牒文，赋予了陵川北吉祥寺一个极高的地位。泽州 32 所无名额寺院为了实现自己的合法存在，都需要依附于北吉祥寺，并悬挂上北吉祥寺的院额。勒石于明成化十四年（1478）《创建吉祥寺水陆殿记》。

（一）创建吉祥寺水陆殿记

勒石于明成化十四年（1478）四月，现存北吉祥寺。碑圆首长方形身，首身一体，通高 188 厘米、宽 85 厘米、厚 22 厘米。碑文记录了明成化年间创建吉祥寺水陆殿的情况。全文约 690 字，楷体竖书，计 22 行。郭文撰，姬彰书，李濡篆额，郭钦、郭英刊。保存较差，碑座不存。碑文如下：

创建吉祥寺水陆殿记

湖州府武康县知县、前湖广道监察御史长平郭文撰。

前陕西延安府鄜州宜君县儒学教谕本邑姬彰书丹。

授七品散官本镇李濡篆额。

堪与间清洁周流不穷者，水也；坚厚常行不易者，陆也。水之用切，而陆之用传，故释教斋会以水陆□名，殆取义于斯钦。陵川县西三十里礼义镇有吉祥寺，创始于唐大历之间，内安铁佛像，兴废至再。今中庵长老继席住持，意谓寺为弘善植福之地，岂可废乎？遂鸠工抡材，葺理佛殿、讲堂、丈室、厨库，固已完备，仰而思之，释教大斋莫水陆若也。乃与本镇义民李盈暨侄男授七品散官李儒议以建之。盈慨然曰："释门善事，原为助缘。"遂出白金四镒，泪常住之。储众施之资，于寺左市地一区，建水陆殿五楹，左阶建圆觉殿，右阶建诸天殿各三楹。地势佳胜，规模宏远，百工骋能，殿宇巍然而壮丽；五色绚饰，檐壁焕然而鲜明。历绘佛像，俨若□阳偕会；备□圆觉，皖然诸天荐生。俾将来斋会有所依归，祝□有所瞻拜也。是殿经营于成化七年春，落成于成化十二年四月初九日也。嗟夫！是会前古未闻。自梁天槛中，武帝梦神僧告以六道四生之难，作是斋以救之，仍制仪文，传播四方。厥后高僧义士往往建于释门，必设坛以昭法界，列像以彰善恶，无非喻人趋吉避凶也；修祭以祀其先，设馔以享其众，无非劝人竭孝循义也。俾困者甦，迷者悟，检者变，而平□者迁，而厚颠连者含哺而乐，蒮厄者沐斋而康，则是会之建，其有助于世教也。固大其补，将来奚有既乎，因请以记。

吉祥寺住持文旺，号中庵和尚，贯本镇世家也。监司义海，维那义教，库头义清，门徒义郎、义成、义礼。

下院南吉祥寺院主义玄，龙岩寺，双泉永乐寺远寿，龙兴寺文琮，泽州洪福院。

同派潞州八义正觉寺，西八大云寺，祭则寺，萌城大云寺住持通秀，诗庄大安寺院主全林。

宝应寺院主广定，沁水县礚山寺住持全辉，巍山寺住持义能，本县北关厢刘名远。

旌表义民功德主李盈，侄男李涤，授七品散官李激，李濯，李湿，李潘，孙男李珂。

远望里义民程英，双泉里义民王钦，平川西义官泰安、赵麒，南马东里义民李旺。

时成化十四年岁舍戊戌夏四月吉旦。本镇义士李涤同立石。濩泽郡世泰坊攻人郭钦、男郭英镌。

（二）北吉祥寺赐名碑

勒石于宋太平兴国三年 (978)，现存北吉祥寺。碑正方形，边长 50 厘米。碑文记录了太平兴国三年中书门下为北吉祥寺赐额之事。全文约 140 字，行体竖书，计 14 行。保存较好。碑文如下：

中书门下牒泽州

泽州奏准，敕分析到所管存留有无名额僧尼寺院共叁拾贰所，内壹所什柱院，宜赐北吉祥之院为额。牒奉敕授，分□到先存留无名额寺院□，宜令本州除未胜住□额外，其余寺院各依前项名额书勒悬挂。牒至准敕。故牒。

太平兴国三年五月二十五日牒。

中书侍郎平章事卢。

右仆射兼门下侍郎平章事。

左仆射兼门下侍郎平章事。

图 32

（三）重修吉祥寺□记

石碣位于前殿后墙西，勒石于康熙四十一年 (1702)。碑文如下：

元贞二年重修，住院僧满庆。

洪武十八年重修，住院僧圆泰。

康熙四十一年十月十七日重修告成，住院僧兴如勒石。

33　清康熙四十一年碑

02 南吉祥寺

南吉祥寺 / *NAN JIXIANG SI*

一、遗产概况

距离陵川县礼义镇南 2.5 公里的平川村是一个拥有千年历史的古村落。该村入选第四批中国传统村落名录，同时也是山西省第三批历史文化名村。村里有座与古村同样古老的寺庙南吉祥寺，1996 年 11 月 20 日被国务院公布为第四批全国重点文物保护单位。

南吉祥寺原名吉祥院，据碑载："南吉祥寺，溯自唐太宗贞观年间奉敕修建。"原平川南面之宋家川，宋淳化三年（992）敕赐院额，宋天圣八年（1030）迁移平川重新修建。此后，元代曾进行过两次重要修缮，明清两代也曾有过增建和补葺。2012—2014 年对南吉祥寺进行了全面修缮。整个寺院古意盎然，庭院肃穆雅静。

01　南吉祥寺全景

二、建筑特点

南吉祥寺是一个两进院落。中轴线上从南到北依次是山门、中殿（过殿）、圆明殿（后殿），两侧是东西配殿、禅房、碑廊、方丈楼以及钟鼓楼等建筑。

（一）山门

山门面阔五间，进深六椽，单檐悬山顶。据山门二层山墙上的壁画题记，结合现存建筑特点，山门为清代遗构。前廊四根四棱抹角石柱，下施柱础，檐下柱头斗栱单昂三踩，雀替雕花精美。从北面看上去是前出廊的二层阁楼；山门东西两侧建有钟、鼓楼。

02　山门

03　东廊房

04　西廊房

05　山门梁架

06　山门壁画

07　山门壁画

08　山门壁画

（二）中殿

一进院最北端为中殿，面阔、进深均三间，单檐歇山顶，宋代建筑。前檐四柱，柱头卷刹明显，斗栱五铺作，批竹昂。根据碑文记载，本县潞城里崔氏一家宋时寄居于平川村，年迈乏嗣，自捐资财，创建中央殿三间，由是生贵子崔有孚，年十五中状元，发于宋朝七状元之首。南吉祥寺过殿有如下特点：

第一，保留了唐五代小型殿宇做法和特征。过殿面阔三间，进深六椽，单檐九脊顶。正面当心间开门，两次间辟窗，背面当心间亦开门，但没有窗。大殿六椽栿通搭前后通檐用两柱，共用12根檐柱。

第二，采用了普拍枋出头做法。大云院大佛殿是我国现存古建中最早使用普拍枋的实例，南吉祥寺过殿则延续了大云院弥陀殿使用普拍枋，普拍枋出头的做法。斗栱有柱头铺作与补间铺作，柱头铺作为单杪单昂五铺作，第一跳偷心，第二跳计心，在昂之下有单卷瓣的华头子，昂与耍头均为批竹昂式，昂嘴斫尖。转角铺作与柱头相似，45度角出华栱与昂，之上为由昂，没有重由昂。

第三，该殿的补间铺作出现了宋代建筑中罕见的斜栱，这是划时代的创举，堪称中国古建之最。唐五代时期柱头铺作为五铺作的建筑一般没有补间铺作，而打破这个惯例的实例也是大云院大佛殿。宋初的同类建筑中，则有的有补间铺作，有的没有。该殿有补间铺作，特别的是该殿的补间铺作出现了宋代建筑中罕见的斜栱。宋代建筑用斜栱者我国现存的仅有三例，另外两例是小会岭二仙庙大殿与隆兴寺摩尼殿，传统的观点认为斜栱很可能源自辽构，但是南吉祥寺过殿的发现，让我们不得不再重新审视斜栱的源头问题。

09　中殿正立面

第四，补间铺作都用斜栱，但略有不同，前后当心间及次间均有补间铺作，两山只有当心间有补间铺作，四个墙壁当心间的补间铺作相同，都是第一跳第二跳各出两组斜栱，前后檐两次间则只有第二跳出两组斜栱。当心间补间铺作第二跳跳头为三条令栱连身的"鸳鸯交首栱"，"鸳鸯交首栱"与耍头相交，耍头中间的为蚂蚱头形，两侧的为短促的批竹昂形，斜出的华栱看面均向内侧斫斜。批竹昂形的耍头隐藏着早期建筑的密码。五铺作斗栱，第二跳偷心，里转为"增铺加跳"，二跳单栱计心承罗汉枋，是典型的宋早期建筑的做法。这些细节均是判断它建造年代的重要特征。

第五，殿内梁架为通檐用六椽栿；六椽栿之下有一道复梁，类似一个"缴贴"，"缴贴"承平棊枋，"缴贴"的栿首伸入柱头铺作之内，与铺作呈"搭交式"结构；而六椽栿则压在铺作之上，为"搭压式"结构，与唐代"组合式"斗栱不同，而与五代镇国寺千佛殿、宋早期崇明寺中佛殿做法相似；丁栿外部搭压在铺作之上，内部斜直置于六椽栿背，也与崇明寺中佛殿做法一致，这也是该殿是宋早期建筑重要的证据。

10　中殿殿顶

11 中殿梁架

陵

川

卷

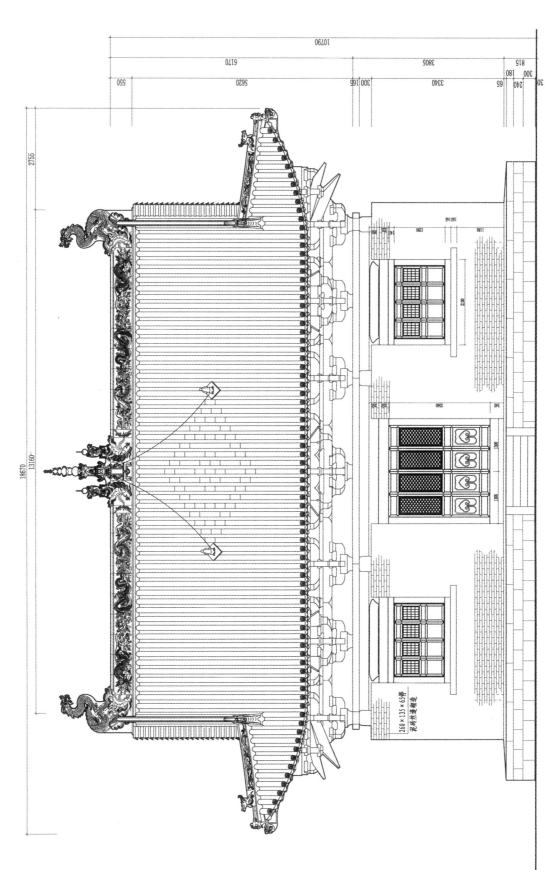

12　中殿正面立面图资料

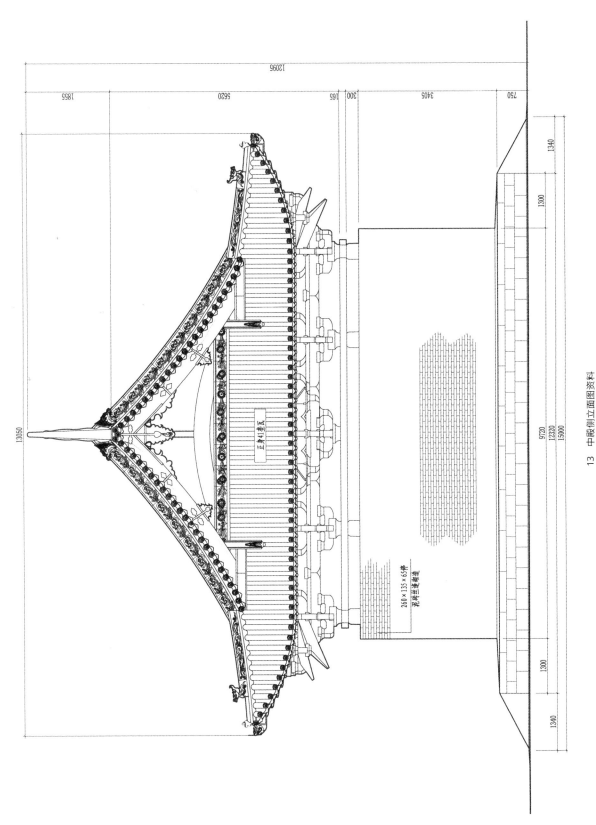

13 中殿侧立面图资料

正身1号瓦

260×135×65砖
花样丝建制造

12095

1855 5620 165 300 3405 750

13050

1340 1300 9720 1300 1340
12220
15000

南吉祥寺

（三）后殿

二进院后殿（圆明殿），面阔五间，进深六椽，悬山顶。从现存梁架结构来看，为明清建筑。檐下四根抹角石柱，下施精美柱础，雀替雕刻复杂。柱头斗栱五踩单杪单昂，耍头龙形。殿内六架梁压接前单步梁，通檐用二柱，单步梁下为前廊。

14　后殿正立面

15　后殿鸱吻

16　后殿柱础

17　后殿柱础

18　后殿正面脊刹

19　后殿梁架

20　后殿壁画

21　后殿壁画

三、价值特色

（一）历史价值

南吉祥寺布局规整，较完整地保存了历史格局，包括两进主院和东方丈楼院、西主持楼院，是一座颇具地方风格的古代建筑群。寺内现存不同时代的古建筑，经宋、元、明、清及近代的屡次修缮，遗留有丰富的历史文化信息，是研究山西晋东南地区历代建筑技术演变的实物载体，尤其是宋代遗构中殿，是研究早期建筑手法的珍贵实物资料，具有较高的历史价值。寺内现存的宋、元两通碑刻及多处明清维修题记，详细记载了南吉祥寺的修缮历史，是研究南吉祥寺历史沿革的真实见证。

（二）科学价值

南吉祥寺建筑做工精湛，地方做法与官式做法相结合，形制严整。建筑整体风格以宋、明两朝为主，许多做法时代特征鲜明，是研究晋东南地区古代建筑建造工艺的实例遗存。尤其是中殿的用材尺寸、梁架与铺作组合方式、偷心造和斜栱运用等建筑技术，体现了宋代先进的营造技术、施工工艺，具有较高的科学价值。

（三）艺术价值

南吉祥寺的建筑空间形态、造型、装饰等体现了晋东南早期建筑的较高水平。寺院内现存的木雕、石雕、琉璃等附属文物，题材以动物、花卉为主，纹饰独特，造型精美，是典型的地方风格；山门二层东西山墙绘"十殿阎王"壁画，且有清代题记，人物表情丰富，场景生动；圆明殿山墙绘佛教题材壁画，色彩古朴，构图饱满；圆明殿梁架上的彩绘，色彩华丽，尤其局部还留有描金做法，具有独特的研究价值。总之，寺内现存的木雕、石雕、琉璃、彩绘、壁画等附属文物，体现了南吉祥寺较高的艺术价值。

四、文献撷英

吉祥院碑文并序

北宋陵川进士李咸宜撰文，碑文节录如下：

……巨灵神擘山之岁，我使飞龙；交趾滨阿水之辰，予嗔暴虎。石鹊石燕，遣风雨合而乃踊乃飞；冰鼠冰蚕，俾霜雪覆而乃毛乃茧。于是吉祥院者，葺修彼岸，瞻仰十方；清净法门，斋庄三宝。而以给孤之代遥远，文物凋残；须达之岁弥深，祇园萧索。今逢帝道垂拱而治，草泽空而匡鼎徐来；蛮貊褔负而朝，钓岸闲而操舟续进。即有当县三宫清廉伏虎，善政安民。弦歌百里之才，赋调一同之化。于是工子乃度忠信之木，梓人乃治庄敬之材。五静之宫，以礼乐为拱辰之栋；二梵之室，以仁义为稽首之梁。修德行以为萧墙，持雅颂以为户牖。则圣景湛然极乐兮，轻烟幂幂；真处寂然萧洒兮，薄雾闲闲。物外颠木有荦兮，重啸重吟；化内枯杨生华兮，再歌再咏。赞曰：

一气混元，太极未始。二仪发暝，三才肇启。青浊分焉，刚柔定矣。圣道绵邈，谷神不死。

鳌擎宇宙，日照乾坤。雷惊百蛰，雨洗兆民。庆祥丹凤，应瑞白鳞。造化启闭，出入禅门。

元代南吉祥禅院记（节录）

……于是剪荆榛，除瓦砾，鸠工伐木，重修僧舍，创立香厨，僧堂丈室，粲然一新。……果胜继之修葺佛殿，尽换栋梁。功未完而灭。果珍承之……于是，与弟子福义、副院福和，率大众善化良缘，重饰佛殿……至治三年，有弟子福润、副院福湮，继修东西僧厨堂，后复僧房、丈室，丹青轮奂。独立之能为赖檀那之多助，暨先世维那聂瑜原，绘观音像彩色榱落，复有原孙聂文……改绘佛容于正壁。

小会岭二仙庙 / *XIAOHUILING ERXIAN MIAO*

一、遗产概况

小会岭二仙庙坐落于山西省晋城市陵川县西南 17.5 公里附城镇小会村东南的小会岭上。

小会岭二仙庙创建年代不详。根据庙内现存《二仙醮盆记文》推断，至少在宋嘉祐八年（1063）就已存在，比晋城小南村建造于北宋大观年间（1107—1110）的二仙庙早几十年，为晋东南地区现存建筑年代最早的二仙庙。

2001 年 6 月 25 日被国务院公布为第五批全国重点文物保护单位。

01 小会岭二仙庙全景

二、建筑特点

小会岭二仙庙坐北朝南，二进院落，南北长 49.8 米，东西宽 25.5 米，占地面积 1270 平方米。中轴线上依次为山门（舞楼）、拜殿、正殿，东西两侧分布有妆楼、廊房、朵殿。

（一）山门（舞楼）及妆楼

山门（舞楼）及东西妆楼位于庙宇最南端。三座建筑相连一字排列，面阔各为三间，共九间，为两层楼阁式建筑。其中山门屋面略高于东西妆楼，南面外墙直砌到檐口，中间部位为一大两小门洞，置板门。屋顶为青瓦铺设，山门正脊雕龙凤，东西妆楼正脊雕有牡丹花卉和卷草等图案。山门通道底部有青砖铺墁，中间为甬道，其他地面标高低于院内地面约 45 厘米，后檐两根石柱承托大梁，梁头一端直接插入墙体内部。墙内无承重柱，梁上纵排楞木，其上再铺木板（舞楼地板）。山门进深较大于两侧妆楼，明间较宽，北面朝院落开敞，两侧楼梯联系上下。五架梁北端架在柱头上，南端直接插入墙内，五架梁上立瓜柱承三架梁，三架梁中立瓜柱承脊檩，左右叉手斜撑，前（南）硬山构架，后为悬山构架。后檐作一斗二升交麻叶柱头科，柱间阑额两头有雕花。东西梳妆楼为五檩硬山构架，梁架与山门相同。一层北墙明间开门，左右两间开窗，二层每间开一窗。

02 舞楼正立面

山门从建筑形制和结构推测其为明清遗构，但做法又脱离"清工部则例"的规制，如一斗二升交麻叶柱头科没有二升，平板枋宽同柱头等。另外，三架梁、五架梁都为自然材，檩碗很浅，瓜柱不作角背，叉手直撑在三架梁上等均有别于"则例"规制，用材和做法都带有明显的地方特征。为了突出戏台并获得较大的表演空间，戏台向北挑出增大进深，并在两边空当设置楼梯，十分巧妙。屋顶更是独具匠心，前为硬山后为悬山，突出了舞楼的中心地位。

03 舞楼柱头

04 山门脊饰

05 山门脊饰

06 山门匾额

（二）拜殿

拜殿位于正殿之前，面阔三间，进深五架椽，为清式六檩悬山构架。前后开敞，两侧筑山墙，墙身上部有壁画。单檐卷棚合瓦悬山顶，屋脊面上雕有龙凤、牡丹图案。前后檐各设两根石柱，下为方形石鼓柱础。柱上搭平板枋，与檐檩之间为一斗二升交麻叶柱头科和平身科。六架梁贯通前后，其上为金瓜柱撑四架梁，前后脊瓜柱托顶梁，各梁头上用替木直接与檩相接。檩枋伸出两侧山墙撑两侧屋顶，并以博风板、惹草收头。拜殿从建筑形制和结构推测为清代遗构，营造做法与山门及廊房一致，如柱头科与戏台相似，檩枋之间垫墩与廊房一致。梁架用材多取自然材，较为自由灵活，瓜柱下无角背，带有明显的地方民间做法特征。

08　拜殿前檐木作局部

09　正殿与拜殿间侧门

10　拜殿柱础

11　拜殿柱础

（三）正殿

小会岭二仙庙正殿位于庙最北端，前与拜殿相邻，两侧与东西朵殿相邻。正殿为宋代建筑，面阔三间，进深六椽，平面略方，单檐歇山式屋顶。南面隔扇门分割室内外，并为主要的采光面，东、西及北面均为实墙。大殿四周立柱12根承托斗栱。斗栱为五铺作单下昂偷心造，批竹式昂及昂形耍头，转角处为由昂。昂下设华头子，耍头上施令栱承接檐枋。里转五铺作双杪，其上隐刻慢栱与令栱，偷心造。昂尾承挑于六架椽和丁栿之下，泥道栱上设三道柱头枋。当心补间斗栱出45度斜栱两跳，令栱成鸳鸯栱状，里转亦同。后檐和山面补间斗栱，五铺作单杪单下昂偷心造，耍头为短促昂形。转角斗栱正身形制与柱头相同，在45度角出华栱，角昂、由昂及角撑头伸出檐外呈昂形，因向看似三重批竹昂，里转为双杪，其余皆同。

正殿梁架为彻上露明造。六架椽屋通檐用两柱，六椽栿两头置于檐柱斗栱之上。内跳华栱出两跳，昂耍头后尾承挑于栿下。六椽栿上立蜀柱承托平梁，平梁之下有顺栿串于两蜀柱间，头压于劄牵之上。平梁之上蜀柱大叉手、丁华抹颏栱承托脊槫，大角梁内伸扣搭于丁栿之上，仔角梁伸出。梁架、斗栱满布彩画，饰有龙凤等图案。屋面为青灰瓦顶。屋脊雕有龙凤呈祥及卷草花卉图案。梁架结构简洁，构架灵活。从结构立面看，大殿与平顺龙门寺大雄宝殿（1098）极为相似，包括斗栱的结构。除去四椽栿后对乳栿（龙门寺大雄宝殿）与六架椽屋通檐（二仙庙）的差别，两者几乎就是翻版，可见大殿的结

构形制与早期同类建筑的相一致性。正殿铺作除了去承屋顶传递的重量外，在承托屋檐荷重、减少梁栿净跨，并与梁栿交结，在稳固构架整体结构方面起着非常重要的作用，是宋金以前建筑结构普遍使用的结构方式。斗栱的出跳为檐出的深远提供了保障，真昂的使用，使梁栿的净跨减少（六椽净跨减少了两米多），柱头枋、罗汉枋、檐枋，构成三道纵向结构，与梁架形成纵横交构，加强了受力层的稳固。正殿构造形式带有早期建筑的特征，其营造做法与宋《营造法式》基本吻合，是我国现存为数不多北宋时期的建筑遗构，成为研究我国建筑史、艺术史、技术史的珍贵实物例证。

13　正殿正脊

14　正殿梁架

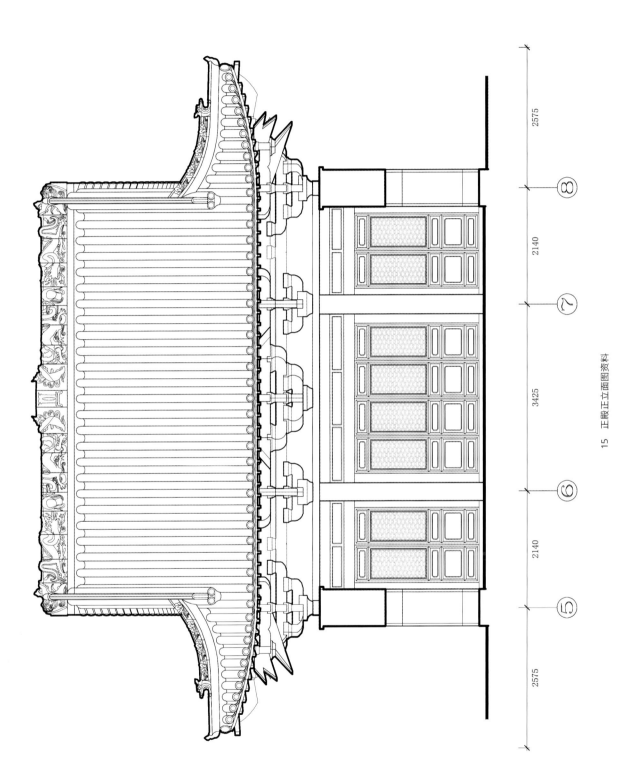

15 正殿正面图资料

小会岭二仙庙

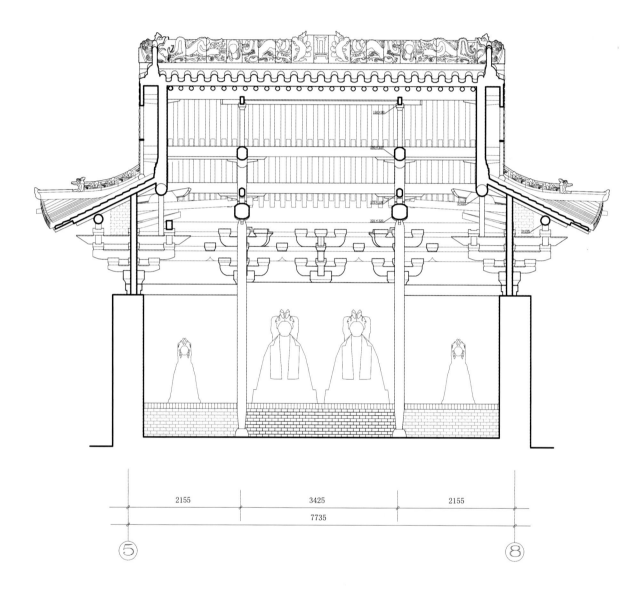

2155 3425 2155

7735

⑤ ⑧

16 正殿剖面图资料

（四）东西朵殿

东西朵殿位于正殿两侧。形制完全一致，都为面阔三间，前檐檐廊立两木柱，下为青石鼓石柱础。其构造与建筑特征与廊房相同。

（五）东西廊房

东西上下廊房形制构造基本相同，建筑面阔均为五间，单檐硬山顶，五檩前插廊构架。屋顶为青灰瓦，正脊两面装饰有牡丹、卷草等自然植物雕纹。廊房前檐有廊柱4根木柱，下为青石鼓石柱础。廊柱上承抱头梁，梁尾插入檐墙与四架梁对接，墙内无承重柱，四架梁另一头直接插入后墙。四架梁上一端立金瓜柱承三架梁，三架梁另一端插入前墙。三架梁中立脊瓜柱，与叉手承脊檩。明间及两侧梢间开有正搭正交方眼棂窗，两次间分别设双扇板门，门上有步步锦花格横披。廊房从建筑形制和结构为清代重修建造，做法带有明显的地方特点。檐下设平板枋，平板枋下为柱间，其做法与早期建筑阑额与普拍枋结构相似。平板枋与其上檐檩之为抱头梁和花墩，这与清式檐檩和平板枋之间用垫板的做法不同。

17　院内全景

18　东月亮门

19　东廊房

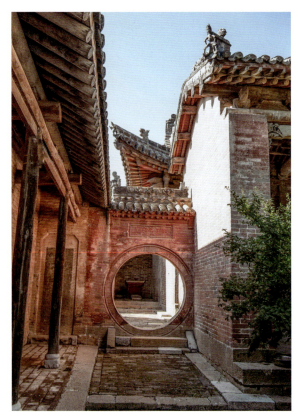

20　西月亮门

三、价值特色

小会岭二仙庙构筑于旷野台岗之上，四周开阔，农田比邻，景色优美。从远处看，庙规模虽小却纤巧雅致，殿阁不高却大气脱俗，灰瓦红墙，屋宇错落，与环境融为一体，与附近的传统建筑群落和谐共处，保持着自然古朴的景观特质，突出了二仙文化在地区生活中的重要地位，体现了二仙文化与农耕文化的交融关系，形成一道丰富完整的历史人文景观。庙在选址规划上，大胆创新，摆脱了"依山傍水、背山伏案"的传统道家风水规划，在我国传统宗教庙宇选址模式中极为少见，具有极高的研究价值和艺术价值。

（一）历史价值

1. 小会岭二仙庙整体建筑保存完整，庙内早期建筑遗构正殿不仅体现了后唐至宋代时期的建筑特征，也体现了地方特有的做法特征，是研究我国古代早期建筑的珍贵实物遗存。

2. 庙内建筑历经各朝代修缮，展现了文物古迹自身的发展变化，反映了多层次的时代特征及某些特殊历史时期人与文物建筑的关系。

3. 小会岭二仙庙上的传统"乡赛"庙会形式和组织管理模式延续至今，对研究晋东南地区的二仙文化具有较高的价值，映射了地区村落之间的社会、文化和经济的交流关系，成为研究晋东南地区民俗、民祭、民约的活的文化遗存。

（二）艺术价值

1. 庙规模虽小却纤巧雅致，殿阁不高却大气脱俗，红墙灰瓦，屋宇错落，群体建筑十分和谐。正殿建筑斗栱硕大，转角处三昂高耸且斜垂于飞翘的翼角之下，展现了早期木构建筑的质朴形态和美感，具有较高的建筑艺术价值。

2. 雕刻、壁画等装饰比例匀称，构图精美，工艺考究，技法多样，题材广泛且内涵丰富。如屋脊龙凤雕饰质朴大方，其凤首昂起，龙头垂弯，隐喻阴阳之合美，暗示女神之位尊，真实地反映了这一乡村环境中从宋代至清代不同时期的建筑、雕刻、绘画等艺术成就水平。

（三）科学价值

1. 小会岭二仙庙在其建筑结构、工艺做法等方面，保留了各时代的鲜明特征，具有较高的技术水平。正殿结构设计简洁合理，用材合度，充分体现其建造结构上的科学性。

2. 山门、戏台、妆楼三用合一的构筑，既节省了空间又降低了造价，同时提升的戏台便于观赏演戏和唱腔远播，为扩大看场的容量提供了条件，无不体现了古代匠人巧妙的设计思想，是建筑科学研究的珍贵实物例证。

（四）社会文化价值

1. 小会岭二仙庙依然保持着传统"乡赛"的庙会形式和组织管理模式，是地方传统民俗文化的重要载体。每年阴历四月十二日至十六日定期举办小会岭二仙庙会，相邻各村居民祭拜二仙、观赏传统戏曲、进行商品交易，成为每年一度地区社会、文化、经济交流的盛会，对加强地区村落间的传统和睦关系和民间文化交流起着十分重要的作用，包含了丰富的社会文化内涵，反映了地区村落的传统社会关系，具有很高的社会文化研究价值。

2. 小会岭二仙庙作为晋东南地区为数不多的早期木构建筑，无论从建筑的造型艺术，还是景观的空间特质上，都具有较高的观赏价值，再加上附属的传统民俗文化，成为地区较有特色的旅游资源。

四、文献撷英

（一）《二仙醮盆记文》

"二仙醮盆"建造于宋熙宁四年（1071），下为八角石盆底座，上为圆形莲花醮盆。醮盆底座上有石刻《二仙醮盆记文》，明确记载宋嘉祐八年（1063）小会岭二仙庙就已存在。在整个晋东南二仙庙遗存实物中，这个二仙醮盆为年代最久远的遗存实物。

（二）碑记

1.《修二仙宫碑文并序》碑，明代遗存，是成为小会岭二仙庙的重要历史符号，对于了解二仙庙的建造史具有重要历史价值。

2.《肇理乡神岭社事碑记》碑，勒石于清道光十三年（1833），记述了清中期二仙庙前南北纵向规模仅为现存的三分之二左右，反映了二仙庙建筑形制变迁：由北宋时期庙宇以正殿为中心、祭祀功能占主导地位，而后发展到清末民初娱乐功能与祭祀功能兼具。而且从舞楼的位置和体量上看，实际已成为二仙庙空间的核心建筑。

3.《重修乡神岭真泽宫碑文》碑，勒石于民国十一年（1922），记录了从民国五到十年（1916—1922）二仙庙维修细节、组织、用材、募化方式等，对于了解二仙庙的维修历史具有较高的历史和社会价值。

4.《整顿乡神岭真泽社规碑文》碑，勒石于民国十一年（1922）。它不同于其他记录庙宇本身修缮过程的石碑，而是记载了六庄社共建二仙庙的议事程序、庙宇供养、庙会赛事、此后修缮等管理条则，是研究我国民俗、民祭、民约的珍贵历史资料。

龙岩寺 / *LONGYAN SI*

一、遗产概况

龙岩寺，位于山西省陵川县城西 10 公里的礼义镇梁泉村。

龙岩寺整个布局为坐北朝南，前后两院。东西宽 30.7 米，南北长 60.7 米，占地面积 1863 平方米。现存建筑为金代和明清风格。1960 年，陵川县人民委员会进行保护，并竖立文物古迹保护标志碑；1986 年，被山西省人民政府公布为省级重点文物保护单位；2001 年 6 月 25 日被国务院公布为第五批全国重点文物保护单位。

龙岩寺的后殿建在一块巨大的岩石上。据寺内现存碑碣记载，龙岩寺原名龙泉寺，创建于唐总章二年（669）。北宋崇宁甲申（崇宁三年，1104），制般若经一藏。此后，历经各朝各代，扩建修缮，成为现在的规模。有史记载的修缮大约有四次：一是金天会九年（1131）至十二年（1134），创建中殿三间；二是金大定七年（1167）至十二年（1172），维修后殿（法堂）；三是明嘉靖四十三年（1564）维修庙宇；四是明万历十四年（1586）至二十四年（1596），重修中殿。

01 龙岩寺全景

二、建筑特点

龙岩寺中轴线上有中殿、后殿，两侧有廊房、厢房、配房、耳殿。现存建筑为金代和明清风格。

(一) 中殿 (过殿)

中殿为金代时期所建，是晋东南地区最接近宋《营造法式》的遗构，是最早当心间用双补间铺作的实例，是山西早期木构建筑的一个杰出作品，有非常高的文物价值和实物资料研究价值。

中殿 (过殿)，也叫中央殿，建在五层青石砌筑的台基上，面阔、进深均三间，单檐歇山式屋顶。铺以灰色筒板瓦，屋脊为灰陶色飞龙装饰，两边螭吻对峙。过殿前檐用四柱顶撑，柱头有卷刹，施补间铺作，昂为琴面式，斗栱用材硕大，是典型的金代建筑手法。

02　中殿正立面

　　龙岩寺中央殿梁架特征：内柱略高于檐柱，尺寸相差一材上下；内部梁架结构方式为四橡栿压后乳栿通檐用三柱，前后共用六橡，后檐乳栿，架于后檐内柱与后檐柱之间，乳栿到后尾砍成缴背，紧贴于四橡栿；殿内为彻上露明造；平梁与下栿间采用"蜀柱隔承"结构，梁之中心部位施蜀柱、栌斗、异形栱，其上再立襻间枋（跨空枋），丁华抹颏栱，支承脊槫，蜀柱脚部施合楷；乳栿插入柱头铺作后做成耍头，四橡栿项首之底压于铺作上方；其丁栿做成一条弯曲的爬梁，前端伸入外檐柱斗栱中做成耍头，后尾架于四橡栿之上，其上承以驼峰；柱头阑额上加用普拍枋。

03　中殿背立面

04　中殿梁架

05　中殿梁架

06　中殿斗栱

07　中殿梁架

（二）后殿（正殿）

后殿（正殿），也叫大雄宝殿。两侧为二进院东西厢房，正殿带东西耳殿，居最北。后殿为明代遗存建筑，根据碑刻记载，曾于金大定七年中秋开始重修，至大定九年"栋宇斯架，覆石像于中"，半道中断；直至大定十一年四月，复工重修，大定十二年完工。

后殿面阔五间，进深六椽，为悬山顶六架七檩前廊式建筑。两山及后檐三面砌墙。后殿斗栱均在前檐，共计六朵，形制相同：外为五铺作出一杪一昂（假昂）计心造，内转五铺作两杪偷心造，壁内隐刻重栱。脊部梁架采用叉手、蜀柱、丁华抹颏栱、顺脊串组合的结构。

08　后殿正立面

龙岩寺

09 后殿脊刹

10 后殿垂脊

11 后殿梁架

12 后殿梁架

13 后殿斗栱与匾额

（三）东西耳殿

东西耳殿位于后殿东西两侧，二进院北端，坐北朝南，面阔三间，进深四椽，硬山顶，灰布合瓦屋面。

（四）厢房、廊房

一进院东西两侧各有廊房五间，东廊房原已塌毁，2010年全面维修时按西廊房形制复建。东西廊房进深五椽，前出廊，硬山顶，灰布合瓦屋面。

二进院东西两侧各有厢房五间，进深四椽，硬山顶，灰布合瓦屋面。前檐明、次间带廊，两梢间檐下设墙。

中殿两侧另有厢房各五间，进深四椽，二层建筑，硬山顶，灰布合瓦屋面。

（五）山门、钟鼓楼遗址

原山门、钟鼓楼等建筑毁于20世纪六七十年代，现仍留有根基。从遗址上观测，山门面阔三间，通进深5.4米。明间位置阶条石宽40厘米左右，长与院落甬道宽度相近。根据遗址现状，山门两侧有钟鼓楼。

14　一进院西廊房

15　后院排水口

16　厢房过门石

17　廊房门枕石

18　中殿台明石雕

19　中殿台明石雕

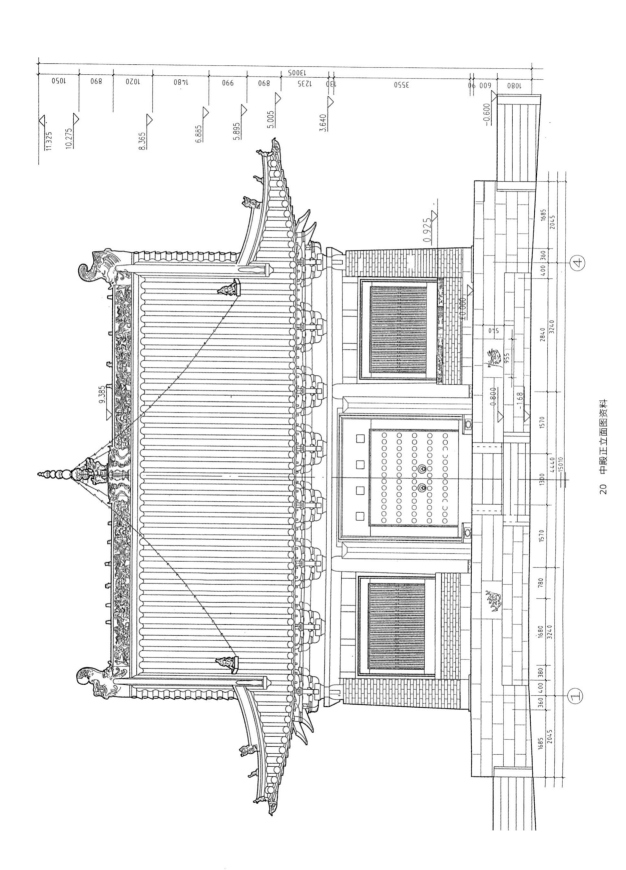

20 中殿正面图图资料

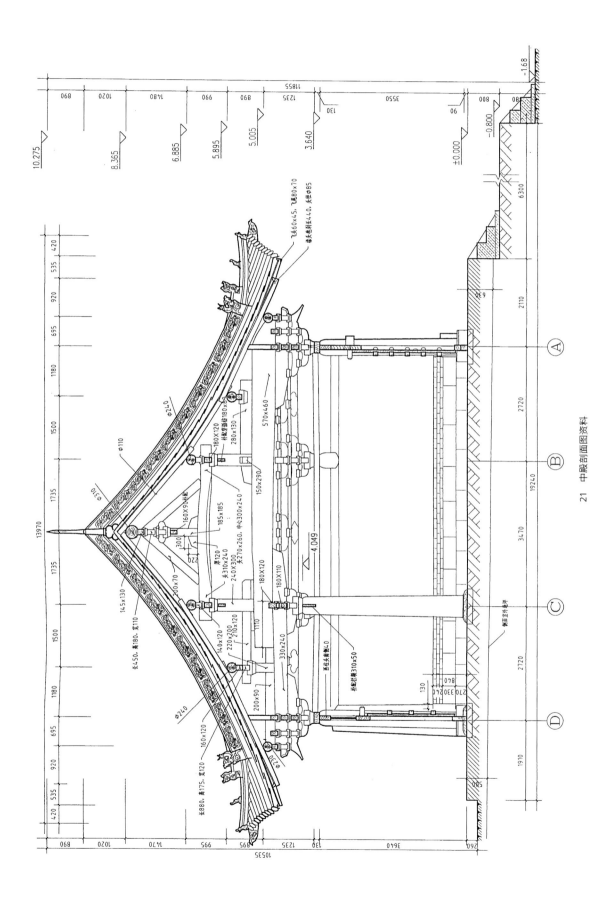

21 中殿剖面图图资料

陵

川

卷

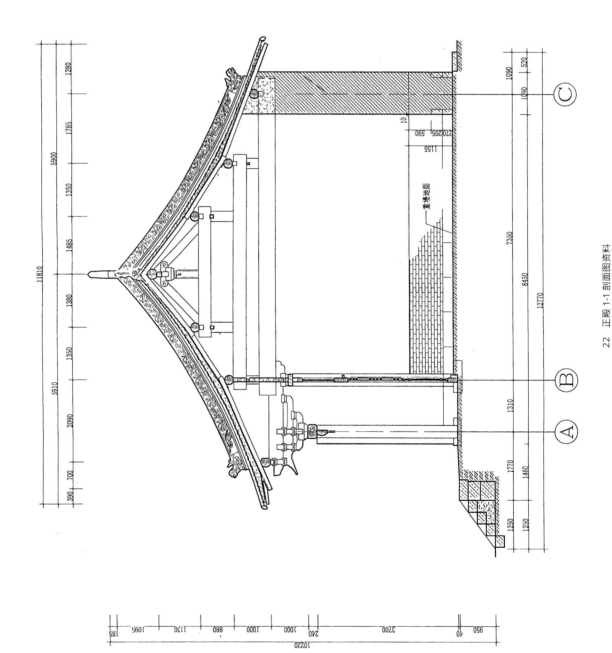

22 正殿 1-1 剖面图资料

重铺地面

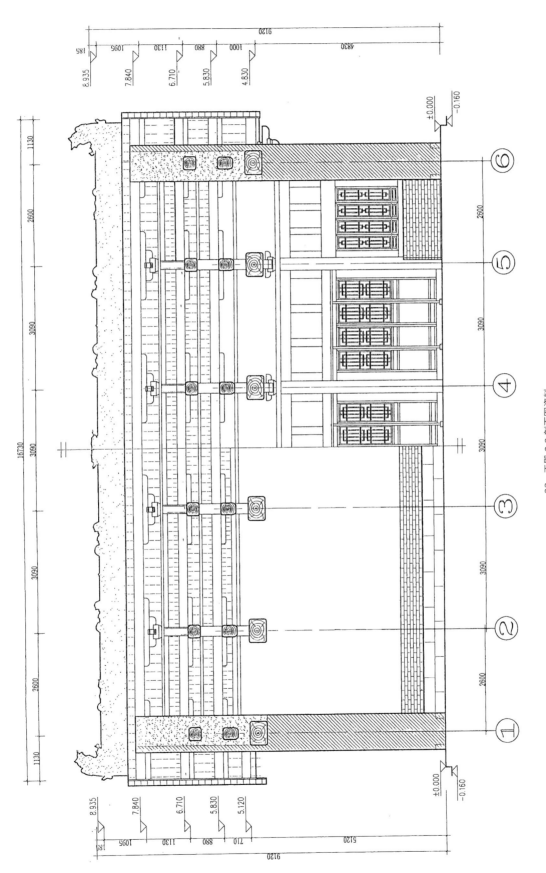

23 正殿 2-2 剖面图资料

三、价值特色

（一）历史价值

龙岩寺历史悠久，可追溯到唐总章二年（669），迄今已过1300余年历史，是晋东南地区重要的文物遗存，寺内现存金、明、清三代的古建筑，是研究晋东南地区建筑史和佛教发展史的珍贵例证。寺院现存的碑刻较为翔实的记载了龙岩寺的历史沿革和重要人物，包含了丰富的历史信息。其中，金大定年间的赐名牒文对研究金代宗教政策、职官制度、公文规范等具有重要意义；清乾隆年间的龙岩寺檀越碑记则是研究清代宗教活动、龙岩寺宗教地位的珍贵实物。

（二）科学价值

龙岩寺的建筑结构、建筑材料和建造工艺反映了金代至今各历史时期该地区的建筑技术水平。龙岩寺后殿的基址曾为巨石，上面雕刻佛像。现存后殿为岩石被毁之后建造，仍可看到大殿的后檐墙坐在一块岩石上，做法独特。现存主体建筑中殿、后殿的结构形式、材料及建造工艺分别体现金、明两代晋东南地区建筑的建造工艺水平，具有一定的代表性。中殿为金天会年间的遗构，与《营造法式》刊行年代十分接近，构架形制简洁，构件加工规整，整体形制受《营造法式》所载形制影响深刻，是研究宋金时期官式做法与地方做法融合演变的珍贵实例。

（三）艺术价值

龙岩寺的建筑空间形态、造型、装饰等体现了晋东南早期建筑较高的艺术水平，具有较高的艺术价值。龙岩寺依地势而建，上下院落高差3米，突出了主体建筑的威严高耸。中殿单檐歇山顶，翼角出檐深远，如鸟斯革，如翚斯飞，造型优美。碑刻、石雕、木雕、彩绘、壁画等附属文物，工艺精湛，具有地方特色，有较高的艺术价值。石雕、木雕以龙纹和花草纹样为主，形象生动优美，线条细腻饱满；彩绘、壁画以龙凤和花卉为主，色泽淡雅清新，画工精湛；碑刻字体多样，或飘逸潇洒，或庄重遒劲，具有较高的书法艺术水平。

四、文献撷英

尚书礼部　牒

泽州陵川县梁泉村老人秦厚等，同僧王智远等状告：本村院自来别无名额，已纳讫合着钱数，乞立寺名，勘会是实。须合给赐者。

牒奉。

敕可特赐龙岩寺牒至准。

敕故牒

大定三年二月十六日令史向昇□

金代陵川人赵安上《龙岩寺记》，碑文节录如下：

……至天会九年辛亥，先祖父赵卿暨叔礼，施为金田，继而我先人慨然而为首，并维那常祐等十有二人……乃命公输设矩，匠石挥斤……不逾于岁，已即其功……遂请灵泉山圣感院僧普懿师，俗称秦氏，乃本村秦范之子。自舍俗弃家落发之后，经论明悟，才识高远，善诱化人，真法界之杰出也。方议承买，先人不幸至于大故，未满斯愿，师怅恨不已。发以诚心，得故乡录翁常克之子常谨公，且卑辞谦让，以不获固拒，乃慰其勤请，复以师为化缘首，纠众善友，得维那二十有八人，众议佥同，请吉祥北院僧惠通为副院，及本郡洪福院沙门僧智远住持是寺。同共化人，无不喜舍，咸乐其训。及自来居民有徙于异乡者，率皆惠然而来，为之题疏。

……越二月丁丑，经诣本郡军资库输钱三十万，兼经藏堂承买，得赐曰"龙岩寺"。愚谓其乡名云川，以云从龙而变化不测，又以里名义泉，以龙得水而出入有时。檐下曰岩，斩上曰崖。以石岩在宏堂之内，而金容居石岩之中，中选斯名，名当其实。……

大雄宝殿内东墙镌清道光年间生员张凤翼撰写《游义泉龙岩寺碑记》，碑文节录如下：

予性僻好书画，乐山水。《赤松》、《黄石》等书，每私淑焉。尝游东坪至双柏院，遇乐如禅师，两情相契，一见如故，坐谈中知为道中人也。乐如归依释迦，道宗孔孟，博学笃志，……己亥秋，乐如谓我曰："义泉之乡有龙岩，据东南之美，盍往观乎？"予曰："唯唯。"于是膏车秣马，命仆携榼，直造龙岩之巅。……因援笔而为之歌曰："山振拔兮如龙岩，苍茫兮云生云行。雨施兮义泉溶溶，龙或出而或没兮终藏神于石洞。是洞之西北，梵宫高敞，佛像辉煌。开白莲兮宝座，涌清泉兮石塘。在左在右兮松柏环绕，如鸟如翚兮楼阁飞翔。吾与友人目瞩而神畅兮，几欲数之而景莫能穷，写之而词未能详。徘徊俯仰还共赏，夫山之苍苍水之洋洋。"……

"峰峦蜿蜒飞如龙，绕寺怪石蹲若虎。登临之余卧山腰，尚人衲破白云补。山头蠡蠡水溶溶，古寺高居第几重。白日归鸿临紫塞，黄昏明月照青松……"

《新建龙岩寺法堂记》，碑文节录如下：

"……兹古道场，自大唐总章二年始加兴辑。镕金作像，各万钧之重，一铸三成，分置上、中、下社。金彩相辉，居人皆以为祈福之所。至崇宁甲申，又于上社，制若般经一藏。尔后屡经兵火焚毁，官寺居民者，此方十六七，独此寺不被其害，……迄本朝开国之后，天会己酉，有僧垂耀旅居其中，觑此故基厥有巨石，势耸层峦，不凿而成三壁。就镌圣像，几数百焉。上构其堂，下无所抚。……我先人常先暨都维那赵辅周等十一人，鸠财命工。华构前殿，广三间，……绘三身佛，塑弥勒像。……继有僧普懿暨都维那赵辅周等十有六人，创建经藏堂三间，……迄自大定壬午，诏天下无名额寺观，许输钱请额。……其奈后殿卑陋，岁久颓弊，……适有常立等七十六人各发弘誓，……迄辛卯岁四月十有二日，檀越秦俊等三十有七人，又各施万，复恳请公以毕前事。……广五间，各八椽，百宝妆严，一方壮观。……"

清朱樟纂修《泽州府志》收录的诗文

白所知《龙岩石龛铭》

释祖汤素严戒律，行苦志坚，每昕夕诵经余五十年。岁辛亥六月六日，方诵《法华经》，忽野兔徐入龛内，蹲经案前。汤曰："汝何为？岂欲伏吾法事脱汝蠢质，共入无余涅槃而灭度乎？吾为汝谛诵，汝其谛听！"兔昂首倾耳，若有所受者。诵已，麾之去，不去，徊徘半日，自巳至申。汤曰："吾送汝归路。"兔从之。同与出门，踊跃而去。异哉！夫龙听法，蟒悟道，释子类言之，儒者以为幻妄。斯兔也，阖寺所共目睹，岂妄与！狎鸥驯雉，古语有之，语忘机也。汤其大类是乎！予雅重汤，交契且四十年，故为刊之龛门，以俟传灯者采焉。万历壬子七月吉日，省庵道人为系之铭曰：倬彼山岩，维石嶙峋。泉水澄碧，既清斯盈。谁构招提，爰处高僧。三年跣武，毕世独行。伐石为洞，绕棘为门。朝讽贝叶，夜读全文。有兔绥绥，来戢昼听。麾之不去，拊之不惊。彼狡奚知？动物惟诚。

诗人白鉴《龙岩寺》

六月枝头尚结霜，清幽别是一风光。山深雾密人难到，正是龙潜虎伏场。

崔府君庙 / CUI FUJUN MIAO

一、遗产概况

崔府君庙位于陵川县礼义镇北街村中高台之上，为祀奉长子、滏阳县令崔珏而建。庙宇坐北朝南，两进院落，东西宽 42.7 米，南北长 70.6 米，占地面积 3015 平方米。始建于唐，金大定二十四年（1184）重修，明洪武二年（1369）及清末均有修葺。现存山门为金代建筑，其他为明清建筑。

中轴线从南而北依次为山门、舞楼、献殿、正殿。山门楼左右各挎掖门一座，舞楼两侧各有配房一座，献殿东西各置配殿一座，正殿两山各贴耳殿一座，耳殿外侧稍后则各建二层朵殿一座。整个庙宇共有殿堂房舍 16 座 56 间。建筑面积共计 1825 平方米。

崔府君庙内的建筑年代从金至清，时代跨度较长；建筑形式有歇山、悬山、硬山，形制不一；建筑高度有一层、二层，高低不等；建筑构造或简或繁，风格多样。

崔府君庙是我国现存罕见的高台式建筑实例，山门前筑有 3 米余高的石砌平台，两侧石阶对称而上，平台上左右各有配房一座，平台面积约 600 平方米，高大宽阔，气势雄伟。

庙内现存一通金大定二年（1162）的禁约碑，明确规定了当时礼义多处庙宇的保护范围，是极为罕见的古代文物保护实证资料。

01　崔府君庙全景

崔府君庙自创建以后，就成为陵川县道教的主要庙宇之一，一直从事宗教活动。随着历史的变迁，崔府君庙亦几经兴衰，始成现有规模。1949 年之后，崔府君庙宗教活动日渐消退，整个庙宇逐渐衰落，曾先后被用作粮食仓库、办公用房，文化站工作场所，并在庙内新建两处仓库。

2001 年 6 月 25 日被国务院公布为第五批全国重点文物保护单位。2009—2012 年崔府君庙进行了全面修缮。

二、建筑特色

（一）庙前平台

崔府君庙前平台以条石砌筑，长 41.55 米，宽 16.1 米，高 3.4 米（基础高 0.9 米），面积 594 平方米，平面呈"凸"字形。平台前部东西两侧对称砌筑双向条石台阶。平台南立面为须弥座形式，须弥座上枋、下枋、下枭均作混圆抹角，上枭浮雕双层仰莲花瓣和荷花飞禽，束腰板枋心则浮雕行龙图案。每块束腰板两端置方形石榫，卡固束腰板，榫头外端雕刻狮首。平台壁体转角部位均立角柱石，上置四十五度斜出鱼形角兽。整个壁体雕刻部分古朴典雅，是崔府君庙内最早的石雕作品。

02 庙前平台须弥座

（二）山门

山门位于平台中轴线后部，庙内民国二十二年《重修府君庙碑记》载："重修于金大定二十四年"，山门平面呈长方形。面阔三间，进深六椽。檐下斗栱为四铺作，批竹昂，二层楼阁式，两层腰身之间四周设平座，重檐歇山顶。一层当心间前后檐辟筑拱券门，分别置版门，室内心间分心墙上辟方孔，嵌置石质线雕花卉门框，装置硕大版门两扇。门框左右两下角浮雕石狮，形制古朴，形象生动。门框石质细腻，雕刻线条流畅，属金代石雕艺术的上乘作品。屋顶正脊脊刹背面题有"万历三十六年八月初五日"题记。所有琉璃构件质地细腻、色彩鲜艳、造型生动，多数琉璃构件保存完好，为山西明代琉璃的上乘作品。

03 山门正面

04 山门梁架

05　山门脊饰

06　耳殿柱础

07　耳殿柱础

08　山门石狮

09　山门石狮

10　庙前平台石狮

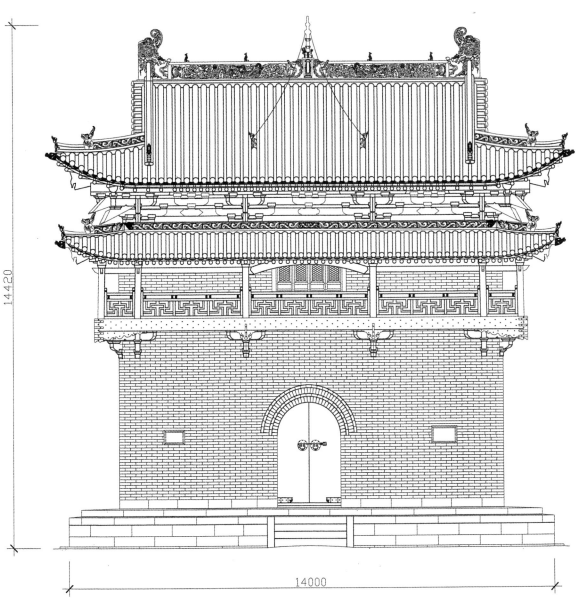

14420

14000

11　崔府君庙正立面图资料

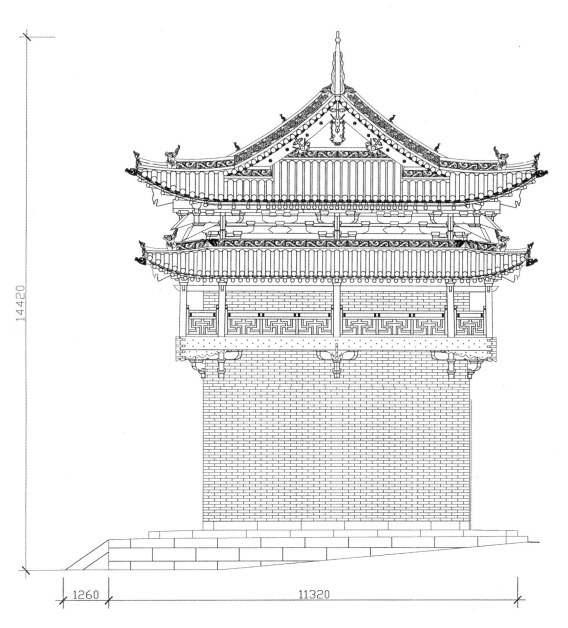

14420

1260　　　　11320

12　崔府君庙侧立面图资料

（三）舞楼

　　舞楼位于山门后，相距甚近，几乎紧贴山门。坐南面北，俗称"倒座戏台"。平面长方形，面阔五间，进深四椽，二层楼阁式，单檐悬山顶。

13　舞楼正立面

14　舞楼梁架

（四）东西掖门

东西掖门位于山门楼左右两侧，平面方形。掖门由两部分组成：一为掖门门楼，面阔、进深均一间，四柱单檐歇山顶；二为掖门八字影壁墙，壁心中央装嵌圆形琉璃团龙盒子。东西掖门是崔府君庙的主要出入通道，位置显赫。整体布局合理，结构紧密规范，比例匀称适度，雕刻题材广泛，制作工艺精良，整体效果美观。是晋东南地区乃至山西清代门类建筑的代表作品之一。

15　西掖门石雕　　　　　　16　东掖门石雕

17　东掖门　　　　　　18　西掖门

（五）献殿

献殿，也称"拜殿"，位于正殿前月台上，紧贴正殿。坐北面南，平面长方形，面阔五间，进深三椽，四架梁通檐用二柱，单檐卷棚悬山顶。

（六）正殿（玉皇殿）

正殿是崔府君庙中轴线最后一座建筑。坐北面南，平面长方形，前置月台（月台上作献厅）。面阔五间，进深六椽，七架梁（后檐不设柱，廊柱不落地，立于献厅四架梁上）。柱网布局甚为别致，在前檐立圆形木柱四根，无角柱和后檐柱之置，以山墙和后檐墙体代替。

（七）东西配房

东配房位于舞楼东侧，北端紧贴东配殿南山墙。坐东面西，平面近方形。面阔三间，进深五椽，五架梁对前单步梁通檐用一柱（前后檐不设柱，五架梁尾置于前后檐墙上）。前出廊式，单檐悬山顶。

西配房位于舞楼西侧，北端紧贴西配殿南山墙，坐西面东。西配房原制已经在 20 世纪 80 年代拆除，2011 年按原制复建，面阔三间，进深五椽。前出廊式，单檐悬山顶。

（八）东西配殿

东西配殿位于正殿前东西两侧，东配殿北部斋堂三间，南部道舍三间。西配殿北部斋堂三间，南部道舍三间。东配殿坐东面西，西配殿坐西面东，均为平面长方形，面阔六间，进深五椽，五架梁对前单步梁通檐用二廊柱（后檐不设柱，五架梁尾置于后檐墙上），前出廊式，单檐悬山顶。

（九）东西耳殿（东为老君殿，西为三峻殿）

东西耳殿位于正殿两侧，紧贴正殿两山墙，坐北面南，平面近方形。面阔三间，进深五椽，五架梁对前单步梁通檐仅用廊柱（前后檐不设柱，五架梁置于前后檐墙上）。前出廊式，单檐硬山顶。

（十）东西朵殿（东为三仙殿，西为奶奶殿）

东西朵殿分别位于庙内东北、西北角。平面近方形，前置小月台。面阔三间，进深五架椽，二层楼阁前出廊式，两层楼身之间以楼板分隔，单檐悬山顶。

（十一）庙前东西配殿（东为五道殿、西为崔府君殿）

庙前东西配殿位于山门前平台左右两侧，东为五道殿，坐东面西；西为崔府君殿，坐西面东，平面近方形。面阔三间，进深四椽，四架梁对前单步梁通檐仅用一廊柱（前后檐不设柱，四架梁置于前后檐墙上）。前出廊式，单檐悬山顶。

19　献殿、正殿正立面

20　献殿、正殿侧面

21　西耳殿（山峻殿）

22　东耳殿（老君殿）

23　东朵殿（三仙殿）

24　献殿梁架

25　正殿梁架

26　配殿前檐额枋

三、价值特色

崔府君庙是我国金代以前为数不多的早期建筑遗存，是建筑史、艺术史、技术史的珍贵实物例证，其高台建筑的独特形制在整个晋东南地区早期建筑中亦具有较为鲜明的特色。崔府君庙各建筑虽历经修缮但整体保存较为完整，其建筑选址、空间布局、造型、装饰与工艺等方面都体现了较高的水平。作为晋东南地区少见的较大规模道教多神种庙观遗存，具有相当独特的地域人文价值。从建造至今，已成为其所处地域居民生活的重要组成部分，并与之保持着极为密切的人文联系。

（一）历史价值

1. 崔府君庙规模宏大，布局完整，内含金代以前的早期建筑遗构，是一处形制独特的高台建筑，是研究山西古代道教庙宇规划布局和建设发展的宝贵实物例证。

2. 庙内山门楼"重修于金大定二十四年（1184）"（《重修崔府君庙碑记》），其外观形式及内部梁架结构为金代遗构，展示了金代建筑的风貌。与陵川境内其他金代建筑相对照，其建筑结构技术和建造手法是晋东南地方金代建造技术的真实体现，对于研究山西金代建筑历史有重要意义；舞楼的独特位置和过路舞楼的特色也有相当重要的历史研究意义。

3. 庙内建筑历经修缮，展现了文物古迹自身的发展变化，反映了多层次的时代特征，以及某些特殊历史时期人与文物建筑的关系。

4. 建筑做法、建造工艺及附属文物反映了当地做法的历史特征。

5. 以崔府君庙现有的相关资料、其内部多神种的宗教特征，及延续至今的多种民俗祭祀活动，可了解较长时期内礼义镇及周边地区居民的物质生活、生产方式、思想观念、信仰风俗和社会风尚及其变化。

6. 寺庙与礼义镇原有城镇景观的结合以及与城镇布局的相互关系，具有一定的历史价值。崔府君庙体现了当地居民极有特色的风俗习惯，至今仍与居民生活保持着密切联系，是近千年来崔府君庙及礼义镇发展变化的实物证据，具有极高的历史价值。

（二）艺术价值

1. 崔府君庙建筑的空间形态、造型、装饰等代表了晋东南早期建筑较高的建造及工艺水平，具有较高的建筑艺术价值。

2. 附属于文物古迹的造型艺术品，包括石雕、砖雕、木雕、绘画和琉璃，以及装饰和陈设等具有浓厚的地域色彩，选材考究，比例匀称、题材广泛，技法多样、工艺精良、精致美观，具有丰富的艺术效果，真实地反映了从金至清不同时期的建筑、雕刻、绘画等艺术成就。

崔府君庙整体具有较高的艺术水平，构思独特，表现手法细腻独特，具有极高的艺术价值。

（三）科学价值

1.崔府君庙规划选址及建筑设计建造十分独特。

2.其建筑结构、工艺表现了当时当地较高的技术水平，构件受力设计大胆，在斗栱、梁架、柱网布局等方面具有独特性。崔府君庙是研究晋东南地区建造技术发展重要实物例证，具有较高的科学价值。

（四）社会文化价值

崔府君庙是地方民俗文化活动及民间宗教信仰活动的重要场所，蕴含了丰富的社会文化内涵，反映了当地的人文底蕴，具有极高的社会文化价值。同时，崔府君庙在建筑选址造型等方面较为独特，艺术水准较高，具有相当高的观赏性，崔府君庙具有一定的地方影响力，其随之产生的经济意义不可忽视。

四、文献撷英

礼义庙宇四至碑

勒石于金大定二年（1162），现存于崔府君庙内。碑呈长方形，长124、高47、厚16厘米。碑文记录了礼义镇五岳庙、土地庙等七所庙宇的四至范围。全文约340字，楷体竖书，计38行，行12字。乡贡进士杨曾风撰文。保存较差。

礼义庙宇四至碑

礼义之民笃于奉神，春秋巨解，以享以祀，耆年好事者□□霜鬖易，岁月绵远，至于行祠之地，懵然莫知广亭所至之，然甚则或为人所侵。有辨环之不早辨也，是用刻诸琬琰，贻厥方来流纪其实，谨列于左云。五岳庙四至：东至北台截至崖下郭□；……（以下是七所庙宇的四至范围，略）

民国二十三年《重修崔府君庙碑记》

碑文记载了崔府君庙历史上的三次修葺：重修于金大定二十四年（1184）；明代"洪武二年（1369）……重新庙貌以答神贶"；民国七年（1918）的维修。

明洪武年间陵川儒学训导鲁邦泰《礼义镇崔府君庙记略》（节选）

……按《搜神记》：王姓崔氏，唐太宗贞观七年举贤良，授潞州长子县令。时黄岭有虎截路噬人，王遣人至山庙投牒召虎，虎遂衔牒至厅下。王诘其罪，虎即触阶而死。民服其神，乃立生祠以祭之。……民亦立生祠。宋真宗加封。里中有广祐王庙，考之两碑记，一云重修于金大定二十四年，一云重修于大定二十六年，但未详创始于何代。明洪武二年大旱，里人祷于祠下。翌日，澍雨沾足。岁大熟，因新庙貌，以答灵贶。经始于是年八月，次年冬十月厥功告成。遂摭其实而为记。

《长子县志》记载

崔府君姓崔，名珏，字元靖，乐平（山西昔阳）人，其父崔让，乐善好施，年近五十，膝下无子，遂与其妻同往北岳祠祷祝求子。是夜，夫妻两人梦见一童子擎一盒，内盛美玉两枚让其吞食。从此，崔夫人十月怀胎，于隋大业三年（607）六月六日生下一子，遂取名珏。崔珏幼时即神采秀美，聪敏好学。唐贞观七年（633），崔珏入仕，授长子县令。据《列仙全传》载，崔珏"昼理阳事"，"夜断阴府"，并建祠祀之。宋时因显圣护驾，被封为"真君"，掌管阴间。从此，崔府君祭祀在各地兴起。晋东南地区也流传有许多崔珏判案的传说，其中，"明断恶虎伤人案"的故事流传最广。

显圣护驾是从"泥马渡康王"的传说而来。据传，南宋初年，康王赵构逃命，疲惫不堪，暂栖于崔府君庙内。是夜，忽梦一神告曰："金兵将至，速速逃命，门外已备鞍马。"康王醒来，赶忙上马，急驱逃命，过了黄河，马不再动。一看，原来竟是庙中泥马。赵构南渡后，在南京应天府（今河南商丘）即位，是为宋高宗。定都临安（今浙江杭州）后，宋高宗又建立了一座崔府君庙，赐额"显卫"。故崔府君庙又名显应王庙。

晋城国保丛览
JINCHENG GUOBAO CONGLAN

西溪二仙庙 / *XIXI ERXIAN MIAO*

一、遗产概况

西溪二仙庙,又名真泽宫,位于陵川县城西3公里处岭常村的山坳里。坐北朝南,背靠虎头山,面朝凤山,西溪环绕流过。四周群山拱卫,溪水环绕,苍松翠柏,绿草如茵,自古便有"小蓬莱"之美誉。这种选址,全国罕见。

西溪二仙庙占地面积2954平方米,二进院落,包括山门、正殿等一共14座,其中正殿、东西梳妆楼3座金代建筑,其他为明清建筑,实属罕见。庙内存碑11通,碣15方。2001年6月25日被国务院公布为第五批全国重点文物保护单位。

经考证,西溪二仙庙始建于宋代中期,有历史记载的修建:一是金皇统年间"重建正大殿三间,挟殿六间,前大殿三间两重檐,梳妆楼二座,三滴水三门九间,五道安乐殿各一座,行廊前后共三十余间"。还添加了后殿塑像和各廊庑塑像,翻瓦了前殿。二是元定宗二年(1247)修葺。三是明洪武十五年(1382)重修西溪二仙庙,对前后二殿、东西两庑、西梳妆楼进行了维修。四是清康熙十四年至十六年"创修门楼三楹,东西角门二楹,钟鼓楼两座,重修西梳妆楼一座,补修中殿、寝宫、东梳妆楼,金妆圣像"等。五是清乾隆五十五年至嘉庆四年维修。六是清咸丰七年重修二仙庙,并对盗砍树木、牧放牛羊等制定了条规。七是清光绪十二至三十二年重修二仙庙,"于西南增修厢房三楹,以扩舞楼内场"。八是民国年间重修西梳妆楼,基本保留了金代楼阁形制。九是1992年对东梳妆楼落架大修。

西溪二仙庙

二、建筑特点

由南面的广场向北，正面是新修的三门四柱三楼的仿古牌坊，东侧是一长溜歇脚长廊。过牌坊、下台阶，便是二仙庙的主体部分。

（一）山门楼

二仙庙共分两院，中轴线前是红墙灰瓦的两层山门楼。山门建于清康熙年间（1662—1722），面阔三间，进深四椽，前后通廊，悬山顶，上建戏楼三间。与倒座戏台不同，这个山门戏楼前后贯通，南北通透，庙中唱戏庙内庙外都能看。这在同类寺庙中比较少见。

山门的前、后廊均有石碑，或独立、或嵌在墙内，记录着寺庙的辉煌过往。其中有一块明碑，宽达 1 米多。另一块规格很高，螭首龟趺座。廊柱都是砂石柱。

（二）献殿

中轴线一进院中殿前有献殿（拜亭），小巧精美，面阔三间，进深四椽，坐落在石台基上，单檐卷棚歇山式顶。这种建筑比较少见。东西厢为廊庑二十四间。

（三）中殿

中殿重建于明洪武十八年（1385），清乾隆年间重修。面阔三间，进深六椽，单檐歇山顶，斗栱五踩双翘。

02 山门

03 献殿侧面

04 献殿正面

05　中殿小木作帐龛

06　献殿内角梁架

07　中殿琉璃正吻

08 古树

09 古树

10 古柏树榴

11 古柏树榴

12 古柏树榴

13 古柏树榴

（四）正殿

正殿是典型的金代建筑，面阔三间，进深六椽。五铺作斗栱，琴面式双下昂，单檐歇山式屋顶，灰色筒瓦铺制。屋顶饰有琉璃脊兽，做工精细，称得上是我国琉璃艺术精品。

前廊式单檐并厦两头造，檐下周设五铺作双昂斗栱。前檐柱间设隔扇门，明间六扇，次间四扇。

梁架为四椽栿前压乳栿通檐用三柱砌上露明造。与宋《营造法式》中六架椽屋乳栿对四椽栿用三柱厅堂式建筑相近，不同之处是该殿金柱与檐柱同高及乳栿设于四椽栿之下，形成互相搭压而使梁架更加稳固。

大殿共设斗栱8种25朵，分布于檐下及金柱之上。檐下斗栱除前檐明间的补间设两朵外，其他各间均设一朵，加之柱头及转角铺作，共设23朵。两金柱之上各设斗栱一朵。

前檐柱头铺作。双昂五铺作单栱计心造。泥道栱之上设素枋三道各以散斗间隔，头道隐刻泥道慢栱，二道枋隐刻令栱。昂为琴面形制，下刻华头子。里转为双杪五铺作，一跳偷心、二跳设绞栿栱，乳栿交铺作前出单材耍头，衬头枋向后延伸为乳栿之缴背并穿过蜀柱制成半合楷。

前檐补间铺作。五铺作双下昂，单栱计心造，头跳昂隐刻华头子。二跳昂之尾向后延伸为挑斡，里转为五铺作双杪，头跳偷心。

后檐柱头铺作。五铺作单栱单杪单下昂计心造。昂下隐刻华头子，令栱与耍头相交，中设齐心斗，耍头尾部与里转令栱相交出楷头木扶承四椽栿。泥道栱之上设素枋三道各以散斗相间，做法同前檐。里转为五铺作双杪，一跳偷心。

14   正殿

后檐明间补间铺作。五铺作单栱单杪单下昂计心造。里转为五铺作双杪，一跳偷心。其他部件结构同前檐补间铺作。

后檐次间及两山北次间补间铺作。五铺作单栱单杪单下昂计心造。泥道栱之上设素枋三道，枋上无隐刻栱，头道枋无散斗，二道枋上设有散斗。里转，一跳出华栱，二跳出实拍栱，是外转二跳华栱内伸足材栱不设交互斗的一种做法，此铺作无挑斡，而是将外转耍头向内平行伸出形成一个力臂，端部立小瓜柱承阐头楸及下平槽。

两山柱头铺作。五铺作单栱单杪单下昂计心造。里转五铺作双杪，一跳偷心。北山柱头铺作，里转设蝉肚形楷头木扶承丁栿，南柱头铺作里转同前檐柱头铺作。

转角铺作。五铺作单栱单杪单下昂计心造。泥道栱与华栱出跳相列，隐刻泥道慢栱与二跳下昂出跳相列，瓜子栱与耍头出跳相列，瓜子慢栱与切几头分首相列，身内长一跳，瓜子慢栱与切几头分首相列，内长一跳交隐，令栱与瓜子栱出跳相列。

15　正殿前檐铺作

16　正殿转角铺作

17　正殿转角铺作

18 正殿琉璃龙吻

19 正殿琉璃龙吻

20 正殿梁架

21 正殿前檐梁架

22 正殿前檐铺作

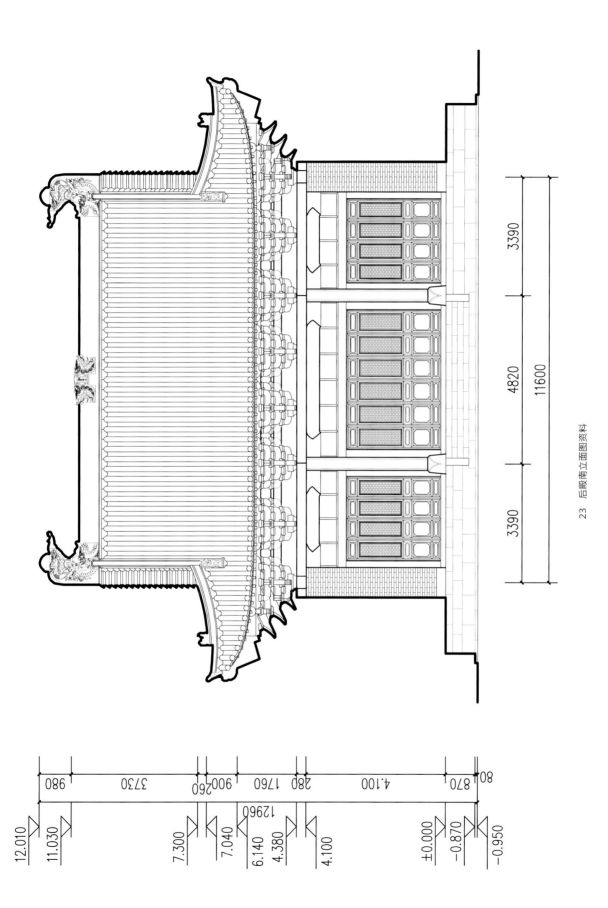

23 后殿南立面图资料

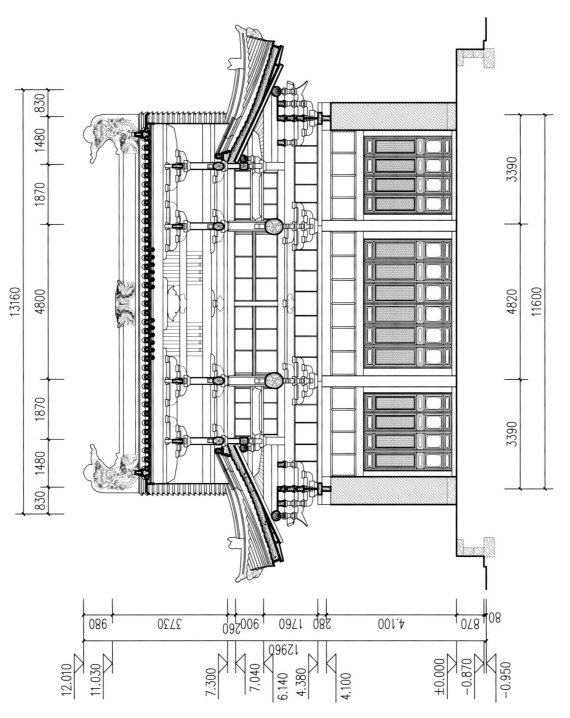

24 后殿剖面图资料

（五）东西梳妆楼

正殿东西两侧的梳妆楼，成为西溪二仙庙中最具代表性的建筑物。东西梳妆楼均为两层三檐歇山顶楼阁式建筑。东梳妆楼是重檐歇山顶，平面三间呈正方形，二层用斗栱支出平座，平座与柱头用四铺作斗栱，做法大方简洁，造型优美舒展，是金代楼阁式建筑中的上乘之作。西楼虽经民国年间重修，但也基本保留着金代楼阁形制。

东西梳妆楼共设斗栱 8 种 56 朵。分布于副阶、平座及上层檐下各柱头之上。

1. 副阶铺作：两种 32 朵，上下层副阶铺作不同。下层为把头绞项造，柱头素枋之上隐刻泥道栱，转角处正心出半栱；上层柱头之上设护斗，栌斗纵向不开口，不设泥道栱，斗耳之上承通替承檐身。

2. 平座铺作，共三种 12 朵，铺作外转均为五铺作双杪计心造。泥道栱之上设素枋两层以散斗间隔，下层隐刻泥道慢栱，一跳华栱之上设令栱交二跳华栱，衬枋与二跳交互斗相交出出头木至雁翅板。柱头铺作里转结构两种形制，一种是设于两山柱头之上，为四铺作单杪偷心造，外转二跳华栱内伸为足材枋似乳栿，尾部压于横木之上承地面枋；一种是设于前后柱头之上，外转一跳华栱由横木两端延伸制成。转角铺作的泥道栱与华栱出跳相列，隐刻泥道慢栱与二跳华栱出跳相列，令栱与 45 度华栱相交出跳承出头木，里转同两山柱头铺作。

25　东梳妆楼

26　西梳妆搂

3. 上层檐下铺作，共三种12朵。均为四铺作计心单下昂壁内单栱造，耍头为足材昂形，正心设单栱，上设素枋两道以散斗间隔，下层隐刻泥道慢栱，里转四铺作单杪偷心造。前后檐柱头铺作耍头向楼内延伸制成楂头木扶承四椽栿，两山柱头铺作耍头向楼内延伸制成斜弯形丁栿，搭扣于四椽栿之上，并与老角梁交咬承襻间栌斗及平梁。转角铺作为里转五铺作偷心造。二跳华栱与外转耍头为同一足材制成，泥道栱与下昂出跳相列，隐刻泥道慢栱与耍头相列，令栱与瓜子栱出跳相列。

梳妆楼整体构架，除廊部及椽飞明清修缮时改动较大外，其他构造仍保留着金代风格。是研究晋东南地区金代楼阁建筑的珍贵实物资料。

总之，西溪二仙庙整个建筑设计考究，宏伟壮观，端庄秀丽，庄严古朴，清静幽静，楼殿峥嵘，丹青晃日，妙趣横生。

27　东梳妆楼脊饰

28　西梳妆楼脊饰

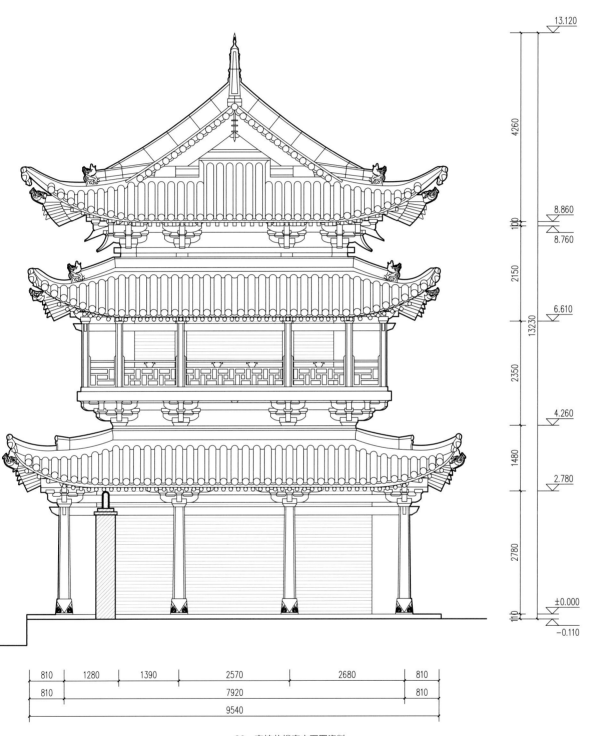

13.120

4260

8.860
8.760

2150

6.610

13230

2350

4.260

1480

2.780

2780

±0.000

110

-0.110

| 810 | 1280 | 1390 | 2570 | 2680 | 810 |

| 810 | 7920 | 810 |

9540

29 南梳妆楼南立面图资料

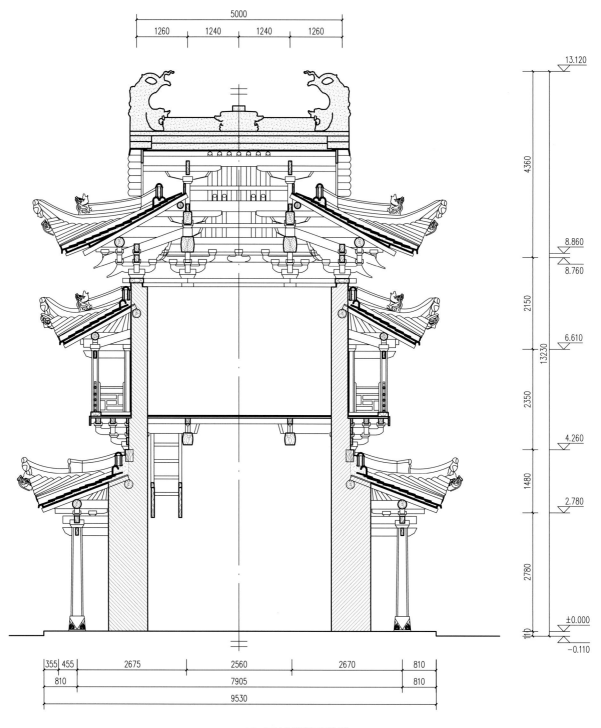

30 西梳妆楼剖面图资料

三、价值特色

1. 西溪二仙庙聚集了14座金至明清的建筑物，古朴典雅，结构精巧，堪称一座"古代建筑艺术博物馆"。西溪二仙庙东西梳妆楼是晋城最早的楼阁式建筑，被古建专家称为中国古代楼阁式建筑的代表作。

2. 西溪二仙庙献殿两侧有四株古老的桧柏（唐柏）。四株桧柏均有十几米高，最粗的一棵树胸围达5.2米。古柏郁郁葱葱，煞是壮观。树干上布满十几个凸出的木瘤，呈现着美丽的木材花纹，有很高的欣赏价值。木瘤奇形怪状，像极了"十二生肖"。

3. 西溪二仙庙总共27通珍贵的碑刻，连同庙里的古建和古树一样，成为西溪二仙庙的重要组成部分，具有重要的考古价值和文学欣赏价值。

4. 祭祀文化。二仙庙在陵川、壶关及晋东南一带很多。二仙真人的故事，是由民间的实事而传为神话的。二仙是东晋人，本姓乐，姊妹二人，从小丧母，受后娘虐待。但二女至孝，对后娘仍然孝敬服侍。后娘却怙恶不悛，将二女虐待致死。百姓怀念二女，便编了许多故事。《续资治通鉴》也记载对西夏用兵时，大军中途断粮，二仙提一锅饭前来劳军，锅虽不大，士兵食之不尽，尽饱而去。后上奏朝廷，将二女封为冲淑、冲惠二仙真人。陵川西溪二仙庙的行宫中，曾供奉两尊木雕二仙像，大小如真人，可以起坐穿衣梳妆，后毁坏。

四、文献撷英

金状元陵川人赵安时《重修真泽二仙庙碑》

……真泽二仙，显圣迹于上党郡之东南，陵川县之界北，地号赤壤，山名紫团，洞出紫气，团团如盖，故谓之紫团。姓乐氏，父讳山宝，母杨氏，诞降二女。大娘同释迦下降月日，二娘诞太子游门时数。生俱颖异，不类凡庶，静默不言，七岁方语，出言有章，动合规矩，方寸明了，触事警悟……继母李氏，酷虐害妒，单衣跣足，冬使采茹，泣血浸土，化生苦苣，共得一筐，母犹发怒。热令拾麦，外氏弗与，遗穗无得。畏母捶楚，踏地凌竞，仰天号诉。忽感黄云，二娘腾举……

先是百年前，陵川县岭西庄张志母亲秦氏，因浣衣于东南涧，见二女人服纯红衣，凤冠俨然，至涧南，弗见。夜见梦曰："汝前所睹红衣者，乃我姊妹二仙也。汝家立庙于化现处，令汝子孙蕃富。"秦氏因于子志，创建庙于涧南，春秋享祀不怠……

金状元泽州人李俊民《重修真泽庙记》

……大定乙酉，志之子权与男举、侄愿等，续加增葺焉，始宏大壮伟，为诸祠之冠。其山蟠如卧龙，延袤而上，故东北接龙门；宛如栖凤，坡陀而下，故西南抵凤掌。松之茂，非烟非云，偃蹇相亲，若羽盖之亭亭；泉之声，自宫自商，清越以长，若琼佩之玲玲。……此真泽之境也……

金元文坛巨匠元好问《咏西溪》

期岁之间一再来，青山无恙画屏开。出门依旧黄尘道，啼杀金衣唤不回。

历代文人雅士题写的《无名诗碑》

明关中游人关钊《无名诗》

西溪山下有仙台，朝莫游人任往回。四面青松笼古殿，一轮明月照苍苔。

明游人王六泉

鸟衔好景来迷谷，松卷寒涛撼半空。

明代游人韩国宾游览西溪二仙庙后赋诗一首

岸柳岩花山色浓，碧云深处隐仙踪。

流丹高阁教春住，漱玉飞泉借雾封。

松顶紫烟巢翡翠，峰头霁日插芙蓉。

淹留共把清樽倒，疑在蓬莱第几重。

塔水河遗址 / *TASHUI HE YIZHI*

一、遗产概况

塔水河遗址位于塔水河上游"葫芦坝"左岸的"Z"形拐弯处。在天然形成的岩棚下敞口式的岩洞，洞口大约有 3 米高，距河道约 5 米，为石灰岩洞。岩棚沿河长达 35 米，底部宽约 10 米，顶部覆盖着崩落的石灰岩块，因常年雨水冲刷导致洞口上方坍塌，已经将遗址洞口堵住一半。

塔水河是一条河流名，也是村名，位于陵川县城南 35 公里，隶属夺火乡，与泽州县接壤。塔水河发源于夺火乡的鱼池村附近，全长 10 余公里，向南流经泽州入丹河，是晋城丹河的一条支流。从塔水河源头向南到陵川县界，沿河两岸分布着 17 个自然村，这些村属一个行政村，叫塔水河村（2018 年撤销行政村，并入夺火村）。

塔水河村地处太行山尤为险峻的偏僻环境中，最高为西北部的玛琅山，海拔 1300 多米；最低处为塔水河南段河谷，海拔 900 米左右。山谷纵横交错，村北大山如屏，东西两面峰岭相连，南部豁口地

势下落 350 多米。整体区域背风向阳，气候温暖湿润。年平均气温 11℃，降雨量在 700 毫米左右。域内植被茂密，以天然落叶阔叶次生林为主，其间还有红豆杉和中华猕猴桃等古老树种，有丰富的动植物资源。

1985—1987 年，山西省考古所对该遗址进行了两次小型发掘，堆积厚度约 8.5 米，可分六层，每层几乎都有遗物发现。出土遗物有儿童头骨化石残片、石制品及哺乳动物化石；石器类型有石核、刮削器、尖状器和锥钻等，原料为燧石、脉石英和水晶；哺乳动物化石有披毛犀、斑鹿、马鹿、盘羊和岩羊等。地质年代为晚更新世晚期，文化时代为旧石器时代晚期。

2006 年 5 月 25 日塔水河遗址被国务院公布为第六批全国重点文物保护单位。

01 塔水河遗址全景

二、塔水河古人类遗址的发现

20 世纪 80 年代中期，塔水河村的一位赤脚医生，在河滩开荒时发现了大量本地人说的"龙骨"，他将这些骨头带回村里，刮成粉末给村人止血。村民得知后纷纷前去采集，然后拿到县城去卖。适逢塔水河村"葫芦坝"南面修建小水电站，电站职工家属吕东升得知，有人在山崖下捡"龙骨"，便邀请县水利地质工程师关岳等人到塔水河调研。

他们在"葫芦坝"胡疙洞坍塌的堆积沙土中采集到一些零星的古脊椎动物化石碎片，以及较小的尖状燧石制品，推断在这个岩棚之下的堆积中有可能是古人类遗址。于是便把调查发现的有关情况，报告给了省地质矿产局和省考古研究所。

1985 年 6 月，山西省考古研究所的研究员陈哲英带领考古团队到塔水河开展调查，在坍塌的堆积中，采集了数十件人工打击痕迹非常清晰的燧石制品和一些破碎的动物化石、烧骨等，确认了这是一处旧石器时代文化遗址。

三、遗址文化简述

(一)"古人类遗址"地质地理及文化层简述

塔水河一带的山地由奥陶系石灰岩构成，石灰岩略微变质，有的地方含燧石结核，河谷地貌层次非常醒目。河谷两岸山峰海拔高程大约 1300 米，相对谷底高度约 350 米。谷坡上有两个显而易见的山地剥蚀夷平面。上面的一个高出河床大约 150 米，呈脊状横向于河谷分布，下面的一个高出河床大约 50 米，地形较为平坦，连续分布在河谷两岸。现在的河流深切这一级山地剥蚀夷平面，使塔水河形成峡谷。这两级山地剥蚀夷平面的后缘石灰岩壁上，普遍发育有岩溶洞穴。

塔水河两岸至少可以明显地观察到从上到下五级阶地，第五级阶地是基座阶地，呈块状分布，高出河床大约 60 米。第四级阶地，基座阶地，呈长条带状，高出河床大约 50 米。第三级阶地，基座阶地，呈块状零星分布在谷坡上，高出河床约 30 米。第二级阶地，基座阶地或堆积阶地，高出河床 15 米左右。这级阶地在葫芦坝区域表现为堆积阶地，遗址即位于这一级阶地。在葫芦坝石灰岩"岩棚"下，阶地堆积物沿河长达 35 米，底部宽 10 多米，顶部覆盖着崩落的石灰岩岩块。堆积物在靠河流上游的一端，以砾石层和粉砂层为主；在靠下游的一端，则以粉砂和黏土为主，地层水平相变十分明显。在与岩壁接触处，水平层状堆积物与岩壁之间有约 1 米厚的粉砂夹层，具有与岩壁平行、与水平层状堆积近于垂直的薄层理，其间含有石制品及破碎骨片。

（二）"古人类遗址"出土标本简述

山西省考古研究所研究员陈哲英于 1986 年夏季和 1987 年秋季，先后主持对塔水河遗址进行了两次试掘，采集到各种化石和石器 2000 余件，有加工痕迹的石器 300 多件。

1. 人类及其伴生的动物化石

人类化石是一颗颅骨化石碎片，发现于文化层底部。根据所保留的部分矢状缝形态特征，断定该头骨属于幼年个体。

发现的动物化石多为角、零星的牙齿和破碎的肢骨以及一些化石碎片。经鉴定，有披毛犀、马鹿、斑鹿、岩羊和绵羊等哺乳动物化石。

遗址堆积中有着数以千计的破碎骨片，有少数呈管状，两端都不甚整齐，更多的是成片状。它们中有的上面有刻划的迹象，不像是有机物侵蚀所致，堆积中又没有发现食肉类动物，不可能是动物所啃咬，可以肯定的是这些骨片之所以如此破碎是与人工作用有关。

地质年代为晚更新世晚期，文化时代为旧石器时代晚期，绝对年代测试结果约为26000 年。

2. 石制品

从遗址堆积内获得石制品 2000 余件。大部分是石片，还有相当数量有人工痕迹的"废块"和"废片"，具有完整片疤的石核不多，可以作为第二步加工成器的标本约有300 余件，占石制品总数的 15% 左右。原料以黑色燧石为主，其他原料为变质灰岩、脉石英，水晶者为数不多。像这样的原料目前在河滩的砾石层中仍可见到。石制品体积

陵川塔水河旧石器地点的化石 图版壹

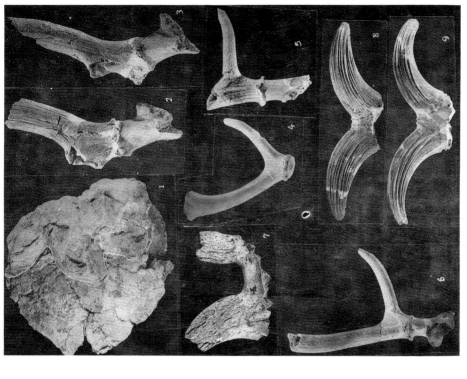

1. 晚期智人枕骨残片（白线左） 2、3. 马鹿左角枝
1—6. 斑鹿左角枝 7. 岩羊角心 8、9. 绵羊（？）

03 塔水河旧石器遗址出土动物化石
（采自陈哲英：《陵川塔水河的旧石器》，《文物季刊》1989年第2期）

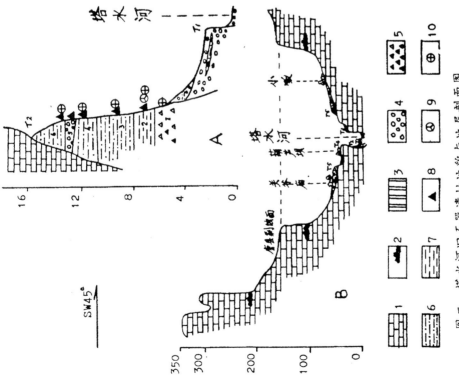

图二 塔水河旧石器遗址地貌与地层剖面图

1、石灰岩 2、岩溶洞 3、红色土 4、砾石 5、角砾 6、粉砂
7、粘土 8、旧石器 9、人化石 10、哺乳动物化石

02 塔水河旧石器遗址地貌与地层剖面图
（采自陈哲英：《陵川塔水河的旧石器》，《文物季刊》1989年第2期）

都比较小，多数石片长 30~50 毫米，最大的一件是脉石英制品，长 88 毫米、宽 22 毫米、厚 29 毫米，重 226 克。绝大多数标本重 5~30 克。

特别引起考古界关注的是为数不多的尖状型石器，加工细致，器形规整，左右对称，是塔水河石制品中的代表性器物。陈哲英 1989 年发表的《陵川塔水河的旧石器》一文中提出，塔水河遗址中发现的原始细石核，很可能是华北细石器文化的源头。

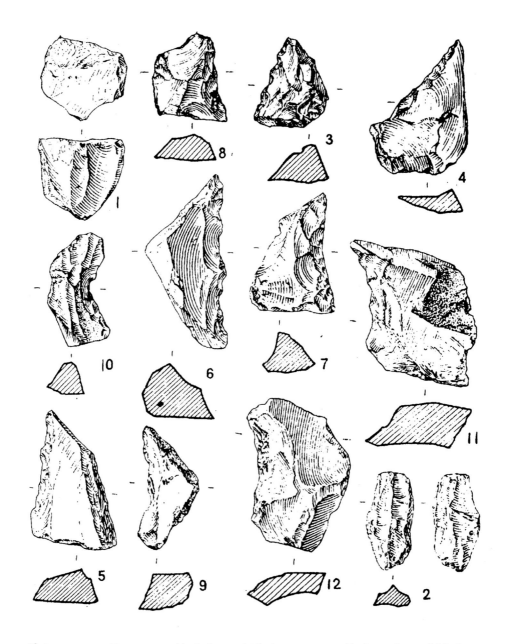

图六 1.2. 石核 3—6. 单边直刃刮削器 7—12. 单边凹边刃刮削器

05　塔水河旧石器遗址石制品（动物化石）

06　塔水河旧石器遗址石制品（石片）

07　塔水河旧石器遗址石制品（刮削器）

08　塔水河旧石器遗址石制品（石片）

09　塔水河旧石器遗址石制品（石核）

10　塔水河旧石器遗址石制品（石片）

11　塔水河旧石器遗址石制品（石片）

12　塔水河旧石器遗址出土动物化石（刮削器）

四、价值特色

塔水河遗址记录了旧石器时代"塔水河人"的生活信息。遗址依水而居，坐北朝南，背风聚气，虽在高山峡谷之间，但面朝较为宽阔的峡谷谷口，即使在冬季，也有充足的阳光，而严冬的干冷西北风，则被阻挡在高高的玛朗山后。海拔相对较低，气候温暖，野生动植物丰富，容易获取食物，天然岩棚遮风避雨，古人类出于本能的选择包含着许多的合理性。

"塔水河人"已经有了制作细石器的技术，经与其他遗址典型细石器比较，陈哲英《中国细石器起源于华北的新证据——塔水河石制品再认识》认为塔水河文化"是处在细石器的起始阶段，塔水河文化是中国旧石器时代文化中的一种新的类型，或许它的出现，标志着一个新的时代的开始"；卫奇《塔水河遗址发现原始细石器》认为"该遗址对研究细石器在华北乃至东亚地区的兴起可能具有潜在的不可估量的考古意义"。

塔水河旧石器人类活动遗址发现之后，陵川境内又陆续发现了五处古人类遗址：

1.大泉头遗址，在考察塔水河旧石器时代文化遗址的过程中发现，与塔水河遗址平面距离约 200 米、垂直高度约 45 米的大泉头遗址，也就是塔水河遗址第五级阶地上，发现了典型的细石器，为新石器时代，据推测晚于塔水河遗址大约 8000 年。

2.老虎山遗址，为旧石器时代晚期。

3.丈河遗址，为旧石器时代晚期。

4.麻节洞洞穴遗址，为旧石器时代晚期。

5.后河洞遗址，为旧石器时代晚期。

众多的古人类遗址发现，揭示了陵川是早期人类重要活动地区之一，从旧石器时代到新石器时代漫长的人类进化史，丰富了陵川历史文化内涵，造就了陵川稀有的文化资源。遗址的历史文化价值越来越多地受到社会的重视。近几年来，国内外遗址主题公园方兴未艾，将遗址的开发利用纳入文化产业领域，集研学、科普、观光旅游于一体，对地域社会经济的发展起到积极的推动作用，实现价值增值和文化传承，也必将为陵川这一旅游大县增加一个新的旅游亮点。

寺润三教堂 / *SIRUN SANJIAO TANG*

一、遗产概况

寺润三教堂位于晋城市陵川县杨村镇寺润村，单体建筑。坐北朝南，平面正方形，面阔、进深均三间，二层檐歇山顶，一层出廊，石质廊柱，斗栱用材较大，四铺作单下昂（琴面式真昂），灰色筒板布瓦铺制屋顶，四角柱侧脚明显，结构稳重典雅。三教堂建在东西长 13.5 米、南北长 11.9 米、高 1.4 米的石台之上，占地面积 161 平方米。石台前刻有"重修石台袁世节施舍石窝"题记，无年号留存。

寺润三教堂，创建年代不详，现存为金代建筑，为崇祀儒、释、道三教创始人而立，是"三教合一"的早期古代单体建筑，其个性特征尤为显著，是村民三教信仰的载体，社会民俗活动的场所之一，体现了晋东南地区的社会传统信仰观念。殿内原供奉儒、释、道三教圣像，现已不存，如今正月初一至十五有少量村民前来祭拜祈福。1949 年前寺润三教堂曾经是附近村民民俗节庆活动的场所，1949 年后殿内塑像被毁，祭祀活动中断，一度作为粮仓、临时居住使用。

1997 年列为晋城市重点文物保护单位。

2006 年 5 月 25 日被国务院公布为第六批全国重点文物保护单位。

2009 年 10 月山西省古建筑保护研究所制订《山西省陵川县寺润三教堂保护修缮工程设计方案》，由山西省古建筑保护工程有限公司于 2013 年 3 月开始施工，2013 年 12 月竣工，2014 年 12 月完成寺润三教堂周边环境整治。

01　寺润三教堂全景

二、建筑特点

(一) 平面形制

台基石砌长 11.9 米、宽 13.5 米、高 1.4 米，面阔三间，进深三间，四周围廊，平面呈方形。

(二) 柱额

共用柱 16 根，檐柱和金柱均为抹角方形石柱，且侧脚生起明显，一层仅施阑额，无普拍枋。阑额高 20 厘米，宽 6 厘米，阑额与角柱相交不出头。阑额构件形制也较为特殊，并非我们常见的连接柱与柱之间通长的构件，当心间柱之间阑额不连接，仅出头。

(三) 斗栱

一层副阶斗栱把头绞项造，施大斗，出耍头，横向施正心枋两道，上层为挑檐枋，下层素枋上隐刻泥道栱。二层檐补间铺作为四铺作单下昂，斗栱用材较大，琴面式真昂，隐刻泥道慢栱，令栱 60 度斜抹，令栱上托短替承托撩檐槫。四面墙体各施一朵，昂后尾下施靴楔，且昂后尾呈镏金式挑承平槫。二层转角铺作后转两跳杪头上置抹角梁，老角梁尾部架于其上，再承踩步金及金檩。

(四) 梁架

四周出廊，梁枋构件制作规整，纵横结构严谨，一层屋面不出飞，二层屋面出飞，一层副阶廊柱与老檐柱之间施穿插枋拉结，形成稳定的框架结构。

(五) 墙体

建筑四周墙体，均为土坯墙外包砖，无下肩墙，为元代做法。

(六) 屋面瓦顶

重檐歇山灰色筒板瓦屋顶，琉璃脊饰，屋面为筒板瓦，勾头为普通的兽形勾头，滴水为奎形滴水。

(七) 小木装修

前檐当心间施板门，有门簪四枚。

(八) 彩绘

在正殿前檐的斗栱、阑额与普拍枋上绘有彩绘，彩绘大部分模糊。

(九) 附属文物

石台基前隐刻"重修石台袁世节施舍石窝"题记，无年号记载。

综上所述，正殿的外观形式、平面布局及内部梁架结构，保留了金代建筑特征，可确认为金代遗构。

02 屋顶局部

03 四角柱侧脚

04 四角柱侧脚

05 四角柱侧脚

06 殿内梁架

07 题记

08 殿内梁架

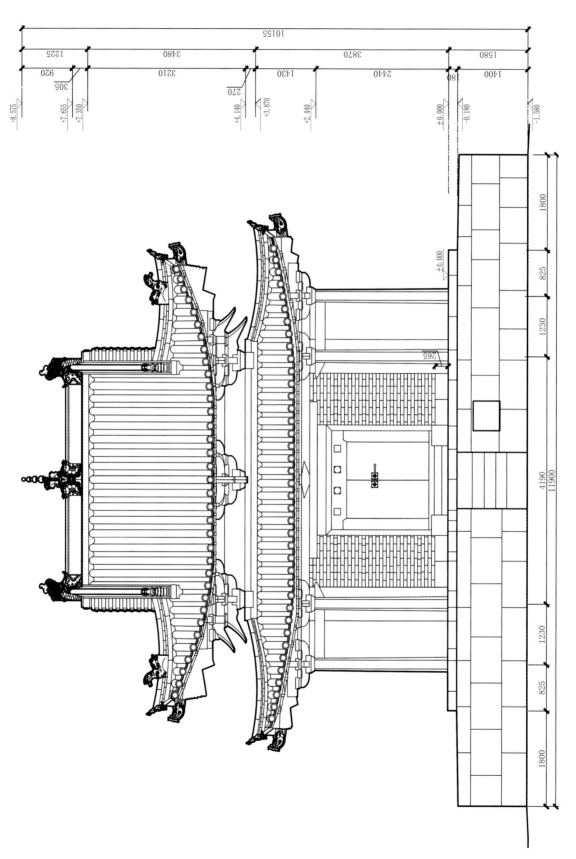

09 寺润三教堂正立面图资料

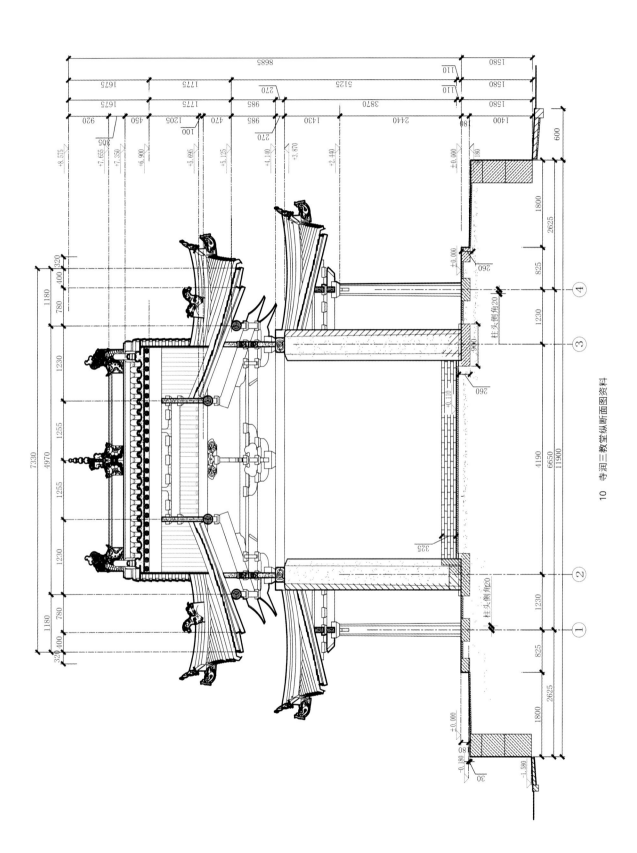

10　寺润三教堂纵断面图图资料

三、价值特色

（一）历史价值

寺润三教堂，是八批次 5058 处全国重点文物保护单位中仅有的两处三教堂之一（另一处是长治市长子义合三教堂，元代建筑，第七批全国重点文物保护单位），是全国 126 座金代木结构建筑之一。

寺润三教堂作为全国唯一保存完好的金代三教堂建筑，弥足珍贵，三教合祀的较早遗存，是金代三教文化的重要物证。

（二）科学艺术价值

寺润三教堂，从外观形式及内部梁架结构来判断，为金代遗构。与境内其他金代建筑相对照，其建筑结构技术和建造手法是晋东南地方金代建造技术的真实体现，为研究山西金代时期的建筑提供了可靠的实物例证，具有很高的建筑历史研究价值。虽然建筑规模不大，但别具一格，形制古朴，屋顶坡度平缓，殿顶轮廓优美，外形美观大方，具有极高的艺术价值。大木构件制作规整，用材规范，其造型和结构独具匠心，具有极高的科学价值。

（三）文化学术价值

三教堂是中国古代宗教信仰史上的一个特别现象，明、清两代曾遍布全国。段建宏在《国家与民间社会中的三教信仰——对山西三教堂的考察》文中谈道："有一则清代事件，可略知三教堂数量之多：清乾隆九年（1744）六月，礼部上奏了一道由河南省学政递上的折子，讲的是在河南的 590 处三教堂，竟把孔子塑像置于释、道之下……遂乾隆帝下令，将佛、老塑像移奉别处。"可见当时兴建三教堂的盛况。据三普资料显示，晋城市现存 228 处三教堂，仅陵川就有 64 处。数量如此之多的三教堂，反映了宗教史上一个重要的文化现象。

儒、道、佛是中国传统文化的主体，三教的相互融合促进了中国传统文化的发展。三教堂是古代民众对宗教信仰兼容并蓄的智慧选择，也体现了中国传统文化海纳百川有容乃大的品格，对继承、在研究、发展儒、佛、道文化精髓方面，三教堂蕴涵的文化学术信息意义非凡。

在陵川以及晋城地区，如此众多的三教堂遗存，表面看是当时的民间信仰兴盛所致，但深层次乃是社会、经济发展的结果，金元时期，陵川一带文化昌盛，人才辈出，陵川现存古代寺庙也多创建于这一时期。寺润三教堂对研究陵川金元文化也同样具有重要意义。

三圣瑞现塔 / *SANSHENG RUI XIAN TA*

一、遗产概况

三圣瑞现塔位于陵川县西河底镇积善村昭庆院内西跨院。据现存金大定九年(1169)《舜都骷髅和尚记》碑文载：隋仁寿元年(601)就有了古禅寺（昭庆院）和三圣瑞现塔，距今已1400多年，三圣瑞现塔现有建筑为金大定六年(1166)动工，金大定九年(1169)落成。

昭庆院，创建年代不详，据现存金代的《佛铭之记》碑文载：金大定四年(1160)古禅寺被朝廷赐名为昭庆院。现存碑文记载清道光十一年(1831)、清道光二十年(1840)两次重修。昭庆院坐北朝南，两进院落。东西宽48.6米，南北长51.5米，占地面积2503平方米。现存建筑为清代风格，有房屋15栋、塔1座、碣3方、影壁2座、碑亭1座、碑4通、大门2座。中轴线上有南殿、过殿、正殿，两侧为影壁、大门、钟楼、厢房、耳殿、碑亭。西侧有跨院，院内有塔1座（三圣瑞现塔）、配房6间。

2006年5月25日，被国务院公布为第六批全国重点文物保护单位。

2020年，陵川县文物局对三圣瑞现塔塔体及院落进行了保护性全面修缮。

三圣瑞现塔的"三圣"，指的是佛教"西方三圣"，又称阿弥陀三尊，即阿弥陀佛、观世音菩萨、大势至菩萨三位圣者，也就是通常所讲的"一佛二菩萨"。阿弥陀佛为西方极乐世界之教主；观世音、大势至二菩萨为阿弥陀佛之胁侍，辅助阿弥陀佛教化众生，是净土宗专修对象。净土宗为中国佛教的八大宗派之一，影响和范围较广，中原地区大多属净土宗。

01 昭庆院全景

二、建筑特点

三圣瑞现塔坐北朝南，台基东西宽 7.6 米、南北长 7.5 米，占地面积 57 平方米。塔平面呈方形，边长 6 米，共 13 层，高 26.75 米。该塔为密檐式砖塔，可分为基座、一层塔身、十三级密檐、塔刹四个部分。

基座素平高大，正面辟门，另三面各嵌造像碑一块；内部回廊式结构，类似可绕塔的副阶；上部叠涩檐下砖砌仿木作一斗三升斗栱组合和普拍枋等构件，石雕门框阴刻行龙花卉线条，饱满流畅。

一层塔身比其他十二层塔身高很多，正面开券门洞，门下叠涩出檐简易仿平座，上部叠涩檐下亦有仿木作的把头绞项作和普拍枋。

十三级密檐部分，下部收分缓慢，上部收分急迅，外轮廓形成弧线，各层叠涩出檐呈弧线，反叠涩收顶，塔身和塔檐高度逐层降低，至最上层已无塔身，仅有砖檐。各层砖檐 1~6 层为两层菱角牙子，7~13 层为一层，第一层塔檐叠涩七层，第十三层仅三层叠涩，第四层叠涩檐下亦可见把头绞项作和普拍枋等仿木构件。密檐部分多开有方形大小不等的门窗洞口与内部空筒相通，脚手架洞眼也清晰可见。内部空筒可扶壁攀登，登孔与扣手基本相同，可以面向东、西、南、北四个方向攀登而上。

塔刹造型简洁，并不突出，与密檐部分融合到一起，砖砌五重相轮，上覆八角金属大伞盖，其上又有一重圆形小伞盖。

三圣瑞现塔整体造型与西安小雁塔相似，保留了唐代密檐塔的很多特点，反映了金代建筑也有承袭唐代建筑的部分，但下部增加了高大的基座，整体造型比小雁塔更显细长，又体现出金代密檐塔的发展和创新，该塔是我国辽金时期密檐式砖塔的典型代表。

02 三圣瑞现塔全景

03　三圣瑞现塔近景

04 三圣瑞现塔塔顶局部

05 塔身基座四周嵌佛像

06 塔身基座四周嵌佛像

07 三圣瑞现塔佛龛

08 三圣瑞现塔藻井

09　三圣瑞现塔局部

10　三圣瑞现塔局部

11　昭庆院正殿

12　昭庆院过殿

13　昭庆院西门

14　昭庆院东门

15　钟楼

16　正殿雀替

三、价值特色

三圣瑞现塔内的两通金代碑碣，记载了三圣瑞现塔和昭庆院身世的重要信息，参照相关历史文献和有关记载，可以粗略了解其千年历史和历史文化价值。

（一）真身舍利塔

1400 多年前，隋文帝杨坚（541—604）崇信佛教。仁寿元年（601）他 60 岁生日时，下诏在全国三十州同时立塔并遣名僧送舍利安置。到仁寿四年（604）先后三次派多位沙门、官员向全国 111 个州送去舍利，命各州在规定的期限内建塔供奉，共建塔 111 座。《舜都骷髅和尚记》碑文载："……获一石龟，中乃肉髻珠一粒，背刊'古禅寺三圣瑞现塔'，腹刊'大隋仁寿元年僧丰彦藏'字，然其侧旧列数石……"如果碑文属实，即便三圣瑞现塔不在隋文帝敕建塔之内，也能说明三圣瑞现塔当时所供奉的是佛祖的真身舍利。

中国现存佛塔的数量有上万座，供奉真身舍利的仅 12 处。碑文载三圣瑞现塔是真身舍利塔，可知其历史文化价值之珍贵。

（二）古塔建筑史上的奇迹

三圣瑞现塔主持建造者是骷髅和尚。《舜都骷髅和尚记》碑文记述了他的身世和三圣瑞现塔的建造过程。骷髅和尚法号智彦，是一位很有成就的传奇人物：金大定九年（1169）他建成陵川昭庆院三圣瑞现塔。大定十年（1170）到了河南沁阳天宁寺，修建了天宁寺三圣塔，次年建成。大定十五年（1175），到洛阳白马寺，修建释迦舍利塔（古称齐云塔），同年建成。三座大塔，都是方形十三级密檐式砖塔，高度都是 30 米左右。一个僧人，不到十年，先后修建三座大塔，至今都巍然屹立，皆为全国重点文物保护单位，堪称中国古塔建筑史上的奇迹。

洛阳白马寺，有中国佛教的"祖庭"和"释源"之称，影响遍及整个东南亚佛教。白马寺齐云塔，始建于汉明帝时期，金代在原址上重建，是目前洛阳地面最早的古建筑，早在 1961 就被列入第一批全国重点文物保护单位。三圣瑞现塔和齐云塔设计建造者同为骷髅和尚（《大金国重修河南府左街东白马寺释迦舍利塔记》碑文有载，释迦舍利塔是齐云塔的正名），建造时间相差仅六年，建筑规制和风格基本一致，应代表了当时建塔技术的最高水平。三圣瑞现塔初建时名为煞云塔，与齐云塔应有某种联系，具有极高的历史文化价值是毋庸置疑的。

（三）佛教历史文化的实物载体

三圣瑞现塔从金大定六年（1166）再建至今也已 800 多年，风雨侵蚀，巍然屹立，优美的弧线塔身，层层叠进的檐涩，方正厚重的基座，让古塔呈现出既雄伟挺拔又不失圆润灵动的艺术之美。三圣瑞现塔以实物记载着本地区佛教文化历史，也反映了佛教文化融入中国传统文化的发展过程，还融汇了古代建筑技术和中国传统艺术的变迁，蕴含了极高的文物考古价值和人文观赏价值。

千百年来，三圣瑞现塔受到佛教徒及普通民众的顶礼膜拜，历久弥新，已成为积善村历史文化的象征，也是陵川珍贵的历史文化遗产之一。

四、文献撷英

在积善村昭庆院的三圣瑞现塔塔内，有两通金代碑碣，分别是金大定七年《佛铭之记》、金大定九年《舜都骷髅和尚记》。这两通碑碣是了解三圣瑞现塔和昭庆院的珍贵史料。

从三圣瑞现塔基座大门进去，迎面有一砖砌佛龛，佛龛为石券门，门额上题有"玉泉龙宫宝藏"，半月形刻石，龛内置一佛二菩萨，门两侧即为金大定七年（1167）的"佛铭之记"碑碣。

"玉泉龙宫宝藏"是指洞内藏有骷髅和尚从玉泉山得到的佛舍利。

《佛铭之记》

……昭庆院者，大定四年，敕赐之也。僧崇信主之，有僧智彦飞锡自西而来，寓于此院，精勤行道，里人王珍、李□□议曰：福田难遇，一施塔殿三门地基，一施塔殿地基，□□于是藏□□佛于舍利宝龟。于下藏之日，阖村众□俱崇□，愿塔□□施净财□，俱□□不为易，俟功成植碑，历记姓名，今姑序其本，先刊施地人姓名于右，庶有劝于后。

金大定七年岁次丁亥五月初八日

《舜都骷髅和尚记》

三圣瑞现塔塔内第三级石壁上嵌有金大定九年（1169）《舜都骷髅和尚记》：

大人之生于也行止出处始络不同，或幼入空门，及其壮也，为一岁以泪罟列四民者多矣。或初列四民，悟三束之托来释子者。有□□骷髅和尚者，俗姓王氏，本舜都荣河县麟居村人也。于大金正隆六年，弃家云游玉泉山，□□舍利三粒。大定二年蒙□□皇恩得削发，□栖岩寺僧永先为师，训名曰智彦。六年冬，行化至濩泽延川积善村昭庆院，始欲即至，值□雪故，留宿方夜，分特诵次，忽□院西金光数丈，持旦□村□□士□其起□□王公□李公□□地□□于□求之获一石龟，中乃肉髻珠一粒，背刊'古禅寺三圣瑞现塔'，腹刊'大隋仁寿元年僧丰彦藏'字，然其侧旧列数石，浮图内乃李唐开元二十年，苏清周施地一十亩，记二公。意谓昔日寺地也，递为□其地□由当□□□□永仍将前郎收□□□舍利同藏于下，上起宝塔十三级，□□□□□□。

时大定九年岁次已□孟夏中旬日记，石匠李□刊。

在昭庆院钟楼墙壁上镶嵌有三通保存较好的碑碣。一通为《泽州陵川县三泉里积善村三教堂记》，另两通为诗碑。

《泽州陵川县三泉里积善村三教堂记》

勒石于金天会十年（1144）七月，碑呈长方形，长70厘米、宽52厘米。碑文记录了三教堂年久失修，残损严重，维那郭谏、李格等集资维修三教堂的过程。全文515字，楷体竖书，计27行，行21字。张翔撰，李□书，段玘刊，保存完好。碑文记载了三教堂创建于北宋元丰乙丑年（1085），三教堂的驻守及香火住持是僧徒，所有者和管理者是村社等信息。

张君梅《从民间祠祀的变迁看三教融合的文化影响》文中讲："这座创建于宋代的三教堂是晋东南地区最早的三教堂。"三教堂是合祀儒释道三教祖师的庙宇，始于何时，尚无明确定论，目前遗存创建最早至宋代。这是一通研究三教堂文化的珍贵碑刻。遗憾的是碑文虽在，此堂已不存。

此碑不是昭庆院遗物，应该是三教堂被毁后移至此处。三教堂碑文中记载："时叙其堂，始自元丰乙丑"（1085），金天会十年（1144）重修。至金大定九年（1169）骷髅和尚住在昭庆院重建三圣瑞现塔，仅间隔25年，不可能是昭庆院曾改为三教堂。

昭庆院诗碑

勒石于金崇庆元年（1212）十月，碑呈长方形，长89厘米、宽45厘米。碑文记录了和安居士宋雄飞写给昭庆院僧福深的诗。全文54字，行书竖书，计9行，行7字。宋雄飞书。保存完好。

风幡不动铃无语，笼鸟忘飞马罢驰。

试与道人观物理，个中自有歇庵诗。

和安居士宋雄飞书。

付陵川昭庆院僧福深，时崇庆元年十月晦日。

游昭庆院诗碑

勒石于金崇庆元年（1212），碑呈长方形，长86厘米、宽44厘米。碑文记录了张士贵投宿昭庆院所写的诗。全文124字，行书竖书，计17行，行10字。张士贵书，李诚刊。保存完好。

仆以崇庆元禩孟冬上瀚有六日，因漠泽行，早发延川，道出积善，投宿于精舍。主僧深之人榜，以歇庵坚索留咏。义不可却，鞭古心以乱成，鄙付政谓沙汰者。粃糠在前，虽不足以形容美□之万一，为异日作者之张本云耳。

前本县簿上党张士贵：

削迹红尘世，休休丈室间。俗缘千劫尽，寂境寸心闲。

经熟慵开卷，香飞静掩关。客来问归路，一笑指云山。

李诚刊。

《重修昭庆院碑记》

勒石于清道光十一年（1831），司昌龄撰碑文，全文1131字。此碑立于昭庆院后殿台基之上门右，文载司昌龄与郭奠唐同游昭庆院，在塔中发现金代石碑《骷髅和尚记》，挖出石龟，龟中藏有肉髻珠一粒，龟背刊"古禅寺三圣瑞现塔"，腹刊大隋仁寿元年僧丰彦藏字，金大定六年（1166），将原石龟和三粒佛舍利同藏地下，于其上建塔之事，积善村遂重修昭庆院。司昌龄，高平人，字静山，贡生，性高洁，著述甚多。

《重修昭庆院本村捐钱碑记》

勒石于清道光二十年（1840），此碑立于昭庆院内碑亭，有两通石碑并列，一通记载重修昭庆院本村人的捐钱情况，另一通记载了外籍人士和商号的捐钱情况。

玉泉东岳庙 / *YUQUAN DONGYUE MIAO*

一、遗产概况

　　玉泉东岳庙位于陵川县西南 15 公里的附城镇玉泉村东北侧田地之中，距离村落建筑较近。庙址居高临下，坐北朝南，占地面积 4340 平方米。

　　玉泉东岳庙创建年代不详，根据 2014 年维修东朵殿时发现的题记，金正隆元年（1156）曾有维修。根据庙内数通碑记载可知：明隆庆四年（1570）、明万历七年（1579）、清顺治十七年（1660）、清乾隆三十五年（1270）、道光十二年（1832）曾先后重修玉泉东岳庙，后有数次局部补修。现存大殿及大殿东朵殿为金代遗存，其余建筑均为明清遗存。庙内保存明代石碑 1 通、清代石碑 6 通、民国石碑 1 通，及若干散置碑首、石础。

　　2004 年，被山西省人民政府公布为第四批省级文物保护单位。

　　2006 年 5 月 25 日，被国务院公布为第六批全国重点文物保护单位。

01　玉泉东岳庙全景

二、建筑特点

玉泉东岳庙现有院落四处，分别为山门前的前院、山门东侧的戏院、由文物建筑围合的主院及东侧的东院（管理区）。中轴线建有山门、拜殿、大殿，东西两侧建筑为朵殿、东西廊房、山门西耳房、春秋阁、戏院建筑等。

（一）金代时期物质文化的重要遗存

1. 大殿

大殿面阔三间，进深六椽，平面呈正方形。殿前后由八根石柱架梁起脊，楣梁月嵌交置架檩支坡。斗栱四铺作，仰为琴面式插昂，四椽栿压前乳栿，乳栿出头做呈蚂蚱形耍头，斗栱结构精简。通檐用四柱，九脊单檐歇山式起顶，黄绿色琉璃屋脊饰滚龙纹，兽头龙吻相对。四条垂脊呈驮形伸出挑节之外，草兽头下吊风铃。灰布筒瓦铺面，琉璃剪边，勾檐滴水。廊檐八尺内石柱支梁，其内墙面用木制雕花隔扇。殿内神坛左右两根紫荆木大柱顶梁，殿内宽阔高大。整体为金代结构。

03　大殿正面脊饰

04　大殿前檐铺作

05　大殿梁架

06　大殿梁架

07　大殿梁架

08　大殿梁架

09 拜殿雀替

10 拜殿雀替

11 拜殿雀替

12 拜殿雀替

13 大殿转角铺作

14 东朵殿前檐铺作

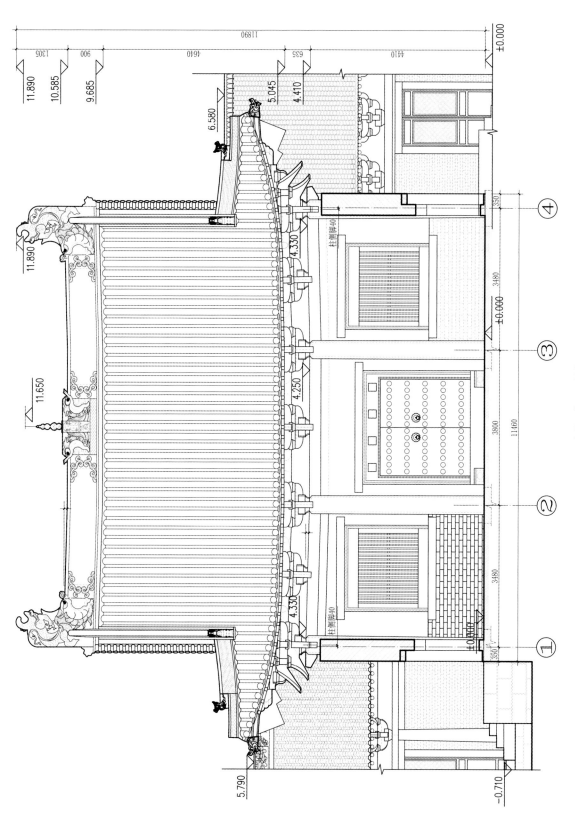

15　大殿正立面图资料

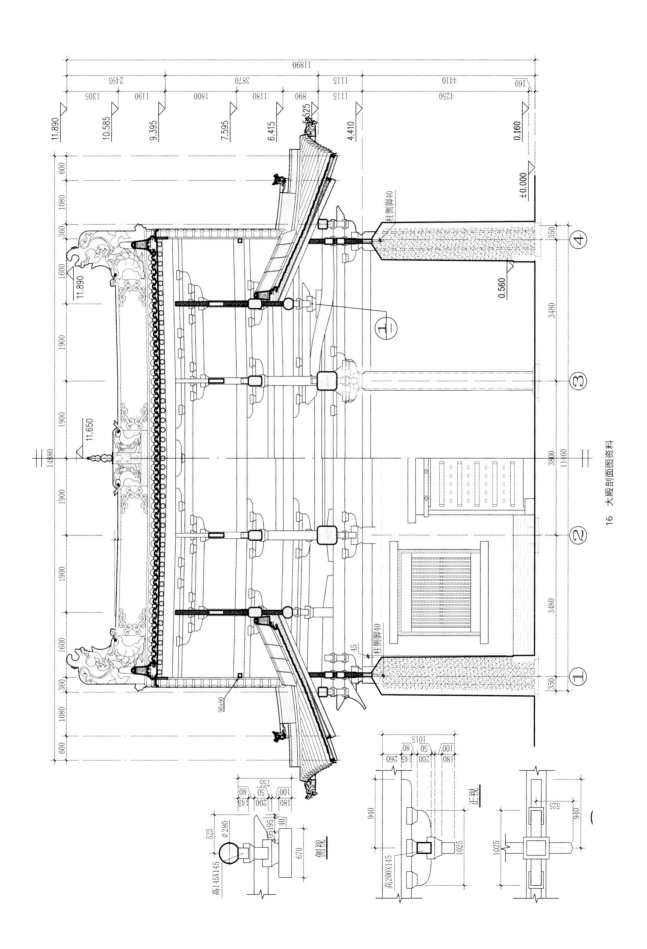

16 大殿剖面图资料

2.大殿东朵殿

大殿东朵殿位于大殿东侧，因殿内敬拜三山丙灵公黄天化神位，故称东太子殿。东朵殿低于大殿，面阔四间，进深六椽，四根石柱顶起楣梁月嵌。木制雕花交置，斗栱抽飞支坡。单檐硬山起脊，五条灰滚龙雕花屋脊伸延，灰筒瓦铺面。殿内两头墙面架设木制梁架，于大殿形如通殿。建筑方式属金代结构。殿外院内，东北角有禅房一间，进深四椽，双坡硬山顶，一层建筑。

3.大殿西朵殿

大殿西朵殿位于大殿西侧，为西太子殿，和东太子殿基本一样，只是殿堂构建简单，院落比东朵殿小于二间房屋之隔。

17 东朵殿

18 东朵殿前廊梁架

19 正殿与东朵殿屋面关系

4. 拜殿

拜殿位于四尺高石阶之上,面阔三间,进深五椽。前后由四根木柱顶梁,楣梁月嵌交置。精雕镂空木刻麒麟、卧龙、花草等物。刀工细致,造型生动。单檐硬山,殿顶呈驮形,无脊。

大殿与拜殿毗近,唯两殿檐间露一线天光,两檐滴水毗近,与附城小会岭二仙庙格局极为相似。但不同的是,小会二仙庙在两殿间檐下设置了天棚,将滴水在空中就分流两侧;而玉泉东岳庙则在地板设下陷排水沟,将滴水在地下分流两侧然后注入下水口,保留了光照,保证了通风,贯通了阴阳,大雨时檐下还可形成了水帘之观。

5. 东西厢房

东西厢房各 11 间,均由十三根石柱顶起屋坡。墙面之外廊檐四尺,砖木结构。东西北五间为东西阎王殿幽灵地府。东下三间为牛王殿,西为奶奶殿。

20 拜殿内景

21 西廊房

22 东廊房

6. 山门戏楼

山门戏楼面阔三间，进深五椽（前坡三椽后坡二椽），六架梁通搭前后，单檐悬山顶，仰合瓦屋面，二层建筑。戏楼后檐墙辟门洞，每间设各一板门，现明间板门 2005 年村中维修时改为铁制大门。南向出厦亦面阔三间，深二椽，单坡悬山顶，现为干槎瓦屋面。山门两侧为八字墙砖雕影壁。

7. 山门西配房

山门西配房位于山门戏楼西侧，面阔三间，坐南朝北。碑文记为西亭。一层硬山建筑，清末建筑风格。

8. 春秋阁

春秋阁位于山门戏楼东侧，面阔三间，坐南朝北。前面两根石柱顶起楣梁，其间饰有木雕镂刻龙凤、祥云、草兽纹。斗栱抽飞支檩起坡，单檐硬山式。阁楼前下用木制花墙，内用木刻花纹隔扇屏风挡面。内设神台，供奉关帝神灵，配以竭忠王关将军，威灵忠勇公周将军之神位。有后门，与庙外东戏院连为戏房院落。

23 山门

24 舞楼

25 山门局部

26　戏院大门及影壁

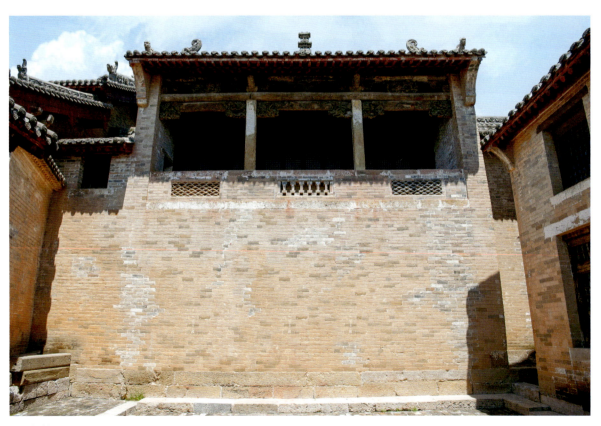

27　春秋阁

（二）非对称的建筑特色

东岳庙一改庙宇中轴线对称布局的传统方式，呈现出明显不对称布局。

除了中轴线上由文物建筑围合的主院外，在山门前院建有西配房，坐西朝东，面阔三间，五檩无廊式，一层建筑，史称禅院。如此精致的禅房建在庙门外，也算别具一格。

与西配房相对，前院东侧建有一院，称戏院，为庙会演出时戏班所住院落。戏院大门青砖砌筑，院内建有南房、东二楼、东侧楼。南房位于戏院南侧，面阔三间，进深四椽，双坡硬山顶，一层建筑。东二层楼位于戏院东边，坐东朝西，面阔三间，进深四椽，双坡硬山顶，二层建筑。

东院东侧楼位于东二楼东北、主院春秋阁东侧，面阔三间，五架梁前出廊，二层建筑。东院通过春秋阁与主院沟通。

在主院东厢房背后、戏院东北又建一院，称东院，为车马棚及雇工所住院落。

东岳庙的不对称有两个原因。一是因为历年的增修；二是与祭祀有关。有传玉泉东岳庙创建于唐代，因唐代首封泰山神为天齐王，故大肆修建东岳庙进行祭祀活动。庙宇格局原为东西对称之势，后因宋代加封东岳大帝黄飞虎第三子黄天化为三山丙灵公，故重修时东侧变得较高大，与西侧不再对称。

（三）选址讲究

东岳庙选址于玉泉村东北的一处相对高台上，坐北朝南。四周地势平坦，视野开阔。庙宇与村庄田林相隔，但又不即不离。据传，古时东岳庙周围树木林立，郁郁葱葱。庙宇高台前是陵川至泽州古道，道旁有小河流入村内。庙前道边建有五间驿站，招待来往客旅。恢宏的庙宇、清清的河流、驼铃叮当的古道、来往的客旅，环境清幽和谐。时事变迁，当年的林木已变为农田，古建仍然威严和神圣。玉泉东岳庙的选址极为讲究。

（四）守护历史的古槐

东岳庙大门外原钟亭边上长着一棵高大古槐，树高 11.5 米，胸径 200 厘米，平均副冠直径 9 米，东西径 8.5 米，南北径 10 米。伫立在山门东南平台之上，守护着东岳庙。其主干干枯，树冠似龙头形状，粗壮的树身，苍老、褶皱的树皮纹，承载着丰富的文化内涵和厚重的历史底蕴。此树现保护级别为一级。

令人称奇的是，过去无论旱涝之年，古槐均枝叶茂盛长势良好，但 20 世纪末却一度死掉，枝枯叶谢；2005 年，该庙重新修缮后，此树又重新长出嫩叶。村人皆称之"神树"，上庙之人无不到此敬拜。

三、价值特色

（一）历史价值

1. 玉泉东岳庙的建立，反映出中国从古以来统治者对东岳泰山的崇敬，昭示着民间对东岳泰山神的崇拜信仰。作为始建较早的东岳庙，是我国泰山崇拜形成的重要物证。

2. 玉泉东岳庙现存文物建筑，体现出金、明、清等不同时代典型传统的建筑特征；且建筑中历代修缮的痕迹，格局演变层次清晰，反映出东岳庙的发展变迁，也是我国建筑史木结构建筑发展变迁的典型实例之一。

3. 大殿作为该地区的金代建筑遗存，是研究陵川地区金代物质文化尤其是民间宗教建筑的重要物质遗存。

4. 玉泉东岳庙内遗存的明、清、民国及现代的重修碑或相关碑记记录了玉泉东岳庙及与玉泉村之间的联系与相关重要历史事件。

5. 玉泉东岳庙以东岳大帝为主神，所供奉的神灵众多，包括了道教、佛教及多种民间信仰，是研究该地区宗教信仰发展过程的重要遗存，也是研究陵川地区村庙特征的典型案例。

（二）科学价值

1. 玉泉东岳庙各文物建筑丰富多样的大木结构构造做法，体现出陵川地区不同历史时期建造结构、材料、工艺的高超技术和丰富的实践经验。

2. 玉泉东岳庙，尤其是大殿，是晋东南地区金代晚期建筑的重要遗存，对研究金代晚期该地区的建筑技术具有重要的价值。

3. 玉泉东岳庙的建筑经过历代修缮，在修缮过程中使用了不同的材料，如石柱等，反映了不同时期运用不同材料对建筑进行维修的史实，是研究历代对已有建筑修缮技术发展的重要资料。

（三）艺术价值

1. 玉泉东岳庙现存文物建筑布局合理，疏朗有序，各座建筑建造手法特征多样，体现出很强的空间构成和造型、形式美。

2. 玉泉东岳庙各座建筑所体现出不同的建筑设计和时代特征，而整体上又相互映衬，井然有序，体现出中国古代工匠高超的创意构思和表现手法。

3. 大殿正脊琉璃制品、两侧鸱吻对峙，形态古朴，结构简约，具有较高的艺术价值。

（四）社会价值

1. 玉泉东岳庙从创建以来一直是玉泉村的主庙，也是自古以来村内重要祈福地及主要祭典庆祝活动的场所。作为该地区的精神场所，对其周边社区具有重要的社会价值。

2. 玉泉东岳庙每年三月二十八庙会延续至今，为期三天，均有戏剧表演及庆典商业交易活动，是历时已久的玉泉村及临近村庄的活动中心。

四、文献撷英

壁诗

凿混沌，辟鸿蒙。布五采，历三冬。新图出，古法从。山万叠，树千重。笔有尽，意无穷。

启南翁 戊子孟夏书

注：道光十二年维修祀庙，修院外设施，其诗嵌于院壁之上。诗作为方砖烧制，应先有诗作后制砖烧成。

碑文

明隆庆四年（1570）碑记"合社捐地养庙二十一亩"。清道光十八年（1838）将旧碑重刻。

罐泉村重修东岳庙记

朝廷画地张宫，寄以民神以绥太平。在僻敞者必节诚，凡良者德益信视元，无以臻均齐方。正是谓大同陵邑属泽旧虢雉治。然封界相连其政估悉得闻。

焉时借冠马伯盖简命也，下车迄今百事咸新，盛世载道。余亲武子道，其最尤诖一日造。余谓，余曰："罐泉东岳庙重修，社众以亲故托，赏请记意垂不朽。余曰本来何如？武子曰：旧碑损灭，始事者不可考。"于隆庆四年以迄，仅存风雨日颓，羊牛善耗。乡人散而四方者十六七，老不能去者叹曰：是神之降殃也，人之慢神致之也。合议谋修，众愿从之，然未果也。马伯闻其悚然曰：礼云五岳视三公，此岂淫祠哉神无所楼，宜其民无所庇。

朝廷授任之意不若是虚，而为之牧者旷矣。由是捐俸金壹拾两倡之，乡人焦复生聚众曰：尚可怠邪。即有都友德施粟十石、窑一座，众相竟劝输财效力若。驱之者而忘其劳，且费也记载筹而。告成，墙垣既更，肖像维新。过者见之咸用惕若香火填塞，祈祷如响。自时厥后雨赐，咸若年谷用登，疾疫不行薜，畜疫康散者远，而贫者足，荒村遂成乐土。马伯为民祈福，盛举聿道。

朝廷体国建官，事神养民之典弗泰矣。余重武子之请捐其大义，以俟将来励数多夯，乡人识之弗暇及也。吁世龚黄固所愿见，然碑性好恬亦先训也。得固是措：一言以彰美政之，一端以寓缁衣之雅实。窃幸是为记！

获泽儒学禀膳生娄塘钟锜

延川儒学增广生达亭武世贵

后学都起风

仝撰

万历七年十一月二十九日

注：罐泉，玉泉村古曾用名。下同。

重修东岳庙记

罐泉东岳庙，不记创始何时。其重修在明隆庆四年，有碑刻文阅明之。万泰天崇以迄大清九十余年间，风雨鸟鼠兼于兵燹，庙倾而像毁。余幼时延川考试，每经过其地入庙上伤香。乡父老告予曰：某等久欲修茸，奈兵馑荐臻、沟壑道路之残喘尚暇谋及庙事呼。

顺治十二年，鲁郓黄侯来位兹土。甫下车过庙一见错愕，曰：庙貌如此民穷益，可知是予有土之责也！夫敬神爱民，至诚格天及十三年秋，嘉禾双穗民歌大有。侯乃进乡民而谕之，谓庶告民而后致力于极在兹时矣。即捐俸金以为倡乡民，赵永安等欢然从之。首重厥事，群乡之不输金输粟输力，量家之大小为多慕捐。

于十五年间，丰年屡告益。踊跃惟忭陆续捐输，以鸠工庀材，先修正殿，又修两廊。皆因其旧地黝垩丹涂之，金装神像焕然改观。次修大门，增置乐楼为其上，为岁时祈报娱神之所。从前，关帝像在东高房，今于门外东南创楼一宇，以奉祀惧帝神也。终始于十三年十月，于十七年三月。向之栋拆墙倾者至此，而鸟革翚飞矣。于观而欢庆也，民之福也。

而是皆黄侯之赐也，苟非侯之爱民则举。至诚格天年谷顺成而人民和乐，岂能庙貌维新有今日哉？自此神休无疆，民安物阜，侯之泽可没世不忘。余熟知始末，故祥记年月以告将来。其捐资捐力之姓氏皆未可没也，爰敕之陉。

邑人子素李辂熏沐

庠生石夫赵介熏沐

顺治十七年三月旦

重修东岳庙碑记

人以神为利赖，神以人为凭式。人苟有以安神，自有以佑人神，岁感之机理固然也。所谓古者建土立社，必光泽也。楼神以为一方之主，凡祈谷报享胥在是焉。

罐泉村通泽州大路，为邑南名区。东岳天齐神祠在村之东北立庙于此，所以辅煞接气诚巨镇也。弟是庙创建不知始于何代。按旧碑所载里，重修于明万历七年。又重修于国朝顺治十七年，迄今百有余岁。殿宇则颓败矣，廊庑则倾矣。乡前载父老久欲更新之，而有志未逮。厥后，维首住持同心协力共图厥事。庙中有古柏四五株货之，得银二百余金。又积贮钱粮募代布施。由是鸠工庀材，裡薨于三登，冯冯盛事于以悉举矣。是役也，经始于乾隆十四年秋七月，落成于乾隆三十五年春三月。总计重修正殿三间，左右旁殿八间，东西行廊二十二间，列祀诸神在内。戏楼三间，东楼西亭，修成关帝庙三间，正中拜殿三间则创修也。工竣后，维首诸公欲敦石题名，丐余为文以志之。因弁言以祥其始终，且系之辞曰：巍巍岱五岳之尊，忠烈正直，威力普存，于昭在上覆氏烟邦千秋，百世共沐其息。

东岳巍巍，罐泉之镇庙貌辉煌。英灵益信，捍患御灾，德广润降此百祥。风调雨顺，茫茫盛世，惟神尊之熙熙，仕女惟神佑。

陵邑西南神道贯之，牲肥酒馨，薄言献之。牲既肥矣，酒既馨矣，考馆伐鼓告利成安。物阜寿具庆矣，春祈秋郭长此丰享矣。

大清乾隆三十五年岁次庚寅三月吉旦

岁进士吏部候选儒学训导墨池张斯煊撰文

邑泽州府儒学生员秦青选书丹

邑后学靳立仪篆

11

石掌玉皇庙 / *SHIZHANG YUHUANG MIAO*

一、遗产概况

石掌玉皇庙坐落于陵川县城东南的潞城镇石掌村，位于村落原始格局中的最高点。石掌玉皇庙创建年代不详，据相关碑记、档案等记载知：该庙于金泰和七年（1207）、元泰定年间（1324—1328）、明万历十一年（1583）重修；清康熙二十七年（1688）维修大殿；清咸丰四年（1854）重修殿宇，增修下院东西配房，创建舞楼，直至清同治十一年（1872）工程全面竣工；民国六年（1917）又进行了维修，增加了山门前抱厦。1950—1980年庙内建筑先后被作为仓库、学校、供销社、卫生所等使用。1975年村民拆除部分原庙前（山门前）平台并券砌窑洞6间。1990年石掌村村民自筹资金对庙内建筑进行过临时补漏处理，并对大殿进行了局部维修。1997年被晋城市人民政府公布为第一批市级文物保护单位，2004年公布为山西省文物保护单位；2006年5月25日被国务院公布为第六批全国重点文物保护单位。2011年10月山西省古建筑保护研究所制定《山西省陵川县石掌玉皇庙文物建筑抢险保护修缮工程设计方案》；于2012年7月由山西省古建筑保护工程有限公司开始施工，2013年12月竣工，并通过竣工验收；2014年12月完成周边环境整治。现状总体处于安全、健康状态。

01　石掌玉皇庙全景

二、建筑特点

该庙建筑面积 723 平方米。坐北朝南，东西以中轴对称，由南而北随地形呈台梯状依次抬高，依地势沿级而上分四层院落。在庙前第二层石砌平台上为山门，山门上即倒座戏台，山门前为雕刻精美的三开间抱厦。一层院南端为山门（戏台）及东西耳楼三座建筑，二层院两侧各有配房四间，三层院两侧各有东西廊房五间，四层院北端为正殿，东西两侧有配殿各三间。全庙共有房屋五十多间。

（一）抱厦

抱厦位于庙前第二层石砌平台山门前檐，面阔三间，进深两椽，单檐歇山顶。据民国六年《重修玉皇庙碑》记载，抱厦为民国早期创建。抱厦平面长方形。前檐用方形抹角石柱四根，柱高 3.5 米，柱下置须弥座式石质础石。抱厦梁架为双步梁，通檐用两柱（单坡结构），抱厦屋顶为单坡歇山筒板灰布瓦顶。造型豪华，非常精彩。檐下木雕复杂，做工精美，龙头斗栱布满了雕饰彩绘，转角铺作为象鼻，阑额、由额、雀替均为镂空木雕。整个抱厦端庄、漂亮、有气势。

（二）一层院

山门（戏台）及东西耳楼三座建筑一字并列于庙院南端。山门（戏台）居中，山门外正中设三开间歇山抱厦，山门之上建有倒座式戏台，单檐悬山顶；两侧耳楼各四间，砖木结构，单檐硬山顶。

1. 山门

山门位于戏台之下，面阔三间，进深四椽，通面阔9.1米，通进深6.2米。地面中部通道（甬道）为条石铺墁，两边为条砖地面。东西两山与前檐用条砖砌成檐墙，前檐墙上在明间辟置板门一道。后檐明间立石柱两根，敞口式，柱脚设高0.53米的础石，柱头承托承重梁，承重梁后尾结构于前檐墙内，明间前檐墙与后檐石柱间立辅柱托承重，辅助柱间设屏门，承重上每间纵向施楼楞9根，上铺楼板、墁砖成为戏台地面。

03　山门及抱厦

04　抱厦斗栱

05　抱厦斗栱

06　抱厦木雕

07 抱厦脊饰

08 大门木雕

09 抱厦木雕

10 抱厦木雕

2. 戏台

倒座式戏台，建于山门之上。面阔三间，进深四椽，单檐悬山顶。现由山门东北角搭设的木楼梯可登达台面。戏台两山与后檐墙系山门墙体的垂直延伸，两山前檐墙端部较山门墙头内收1.46米，形成前檐廊的平面布局，后檐明间墙体处开设方窗，两山墙后檐部分辟设板门各一道，通往耳楼上层室内。戏台前檐台口立柱四根。戏台梁架较为简练，六檩无廊。戏台屋顶为灰陶质筒板瓦屋面，两山设灰布排山勾滴。

在庙院空间组合上，三座建筑将院落南部予以封闭；在使用功能上又属于三位一体，两侧耳楼上层兼作戏楼后台，在演出时为职员休息、化妆之所，下层在日常用作厨房、库房等。这种布局属于晋东南庙宇的常见样式。据戏台明间襻间枋下墨书题记载，创修于清咸丰六年（1856）。

11　舞楼

12　舞楼脊饰

13　舞楼脊饰

14　舞楼木雕

15　舞楼木雕

16　舞楼木雕

17　舞楼木雕

18　舞楼木雕

19　舞楼木雕

3. 东西耳楼

东西耳楼位于山门戏台两侧，倒座式，五檩硬山顶。面阔四间，进深四椽，周檐砌条砖墙，内檐以楼板过渡，分作上下两层。后檐墙与山门檐墙平齐（东西耳楼后檐墙二层，各开设圆窗两孔，外圆内方），前檐墙较山门山墙回退 1.6 米，二层构架为五檩。屋顶由灰布板瓦仰俯相扣，两端立正吻，不设垂脊。

4. 东西掖门

东西掖门位于耳楼与看楼间，东西坐向，进深两椽。前檐砌墙，墙体开设外圆内方的门洞，门洞内加装木质板门，门洞上部镶嵌石匾，行书"云凝"（西掖门）、"气涵"（东掖门）。单檐悬山顶，干槎瓦屋面。

（三）二层院

1. 东西看楼

东西看楼位于二层院落的东西两侧。面阔三间，进深四椽，二层楼阁前出廊式，两层楼身之间以楼板分隔，单檐硬山顶。一层平面近方形，台基条石砌筑。台面与地面条砖铺墁。前后檐及两面砌筑墙体。仅在前檐廊部施方形抹角石廊柱二根，二层楼平面基本同一层。梁架为五架前檐廊式。

2. 夹室

夹室位于看楼与廊房山墙间，充分利用两建筑山墙，贯构檩条五根，覆以仰合瓦，形成双坡、进深四椽的房屋。后檐与相邻建筑后墙齐平筑有檐墙，西夹室于檐墙上辟设板门，可通往庙外平台上。

（四）三层院

东西廊房位于三进院的东西两侧。面阔五间，进深四椽，五架前檐廊，单檐硬山顶。平面长方形，总面阔 12.98 米，廊进深 1.25 米，总进深 5.04 米。前檐施露明石柱四根，石柱为砂石质方形抹角柱。两山墙前檐廊部分别开设门洞，可通向配房及看楼。殿内地面方砖十字缝细墁而成，屋面铺设灰布板瓦，仰俯扣瓦顶。

20　看楼　　　　　　　21　看楼墀头　　　　　　22　看楼墀头　　　　　　23　看楼墀头

（五）四层院

1. 正殿

正殿是玉皇庙的重要建筑，位于中轴线北端，亦称玉皇殿，建在高 1.2 米石砌台基之上，坐北朝南，面阔三间，进深六椽，单檐歇山顶，灰色筒板瓦铺制。在前檐踏步东侧台基上，局部外凸出一块不规则形石头，据传石掌村名就因此"石"而得名。

前檐两椽出廊，通檐用四根石柱，檐柱侧角明显，根部粗大，往上渐减，地面方砖铺墁，单檐厦两头造。前檐斗栱及阑额雕刻复杂，柱头铺作为四铺作单昂，耍头刻为龙头形。转角铺作为单假昂四铺作，耍头用真昂。当心间正中的补间铺作为在瓜形栌斗上出 45 度斜栱，龙头形耍头。两次间补间为四铺作，龙形耍头用真昂。前檐铺作在后世做过较大调整；正殿周檐立柱 12 根，前檐金柱两根，共用柱 14 根。檐部铺作，共计 20 朵，除四角角柱及平柱上的铺作外，前檐当心间、次间各施补间铺作一朵，两山当心间、南次间及后檐当心间上施补间铺作，两山北次间及后檐两次间无设补间铺作。后檐及两山铺作为早期遗构。后檐无补间铺作，其余各间补间铺作每间一朵。明间施板门，两次间设格子棂窗，各脊饰为琉璃制。正殿内部梁架结构为四椽栿压前乳栿通梁用三柱，乳栿下为前廊。山面丁栿搭于四椽栿之上，蜀柱正骑跨于丁栿之上，四椽栿之上两蜀柱承托平梁，叉手与平梁蜀柱共同承托脊槫。梁栿上可见已脱落的彩画，彩画风格古朴。

24　正殿

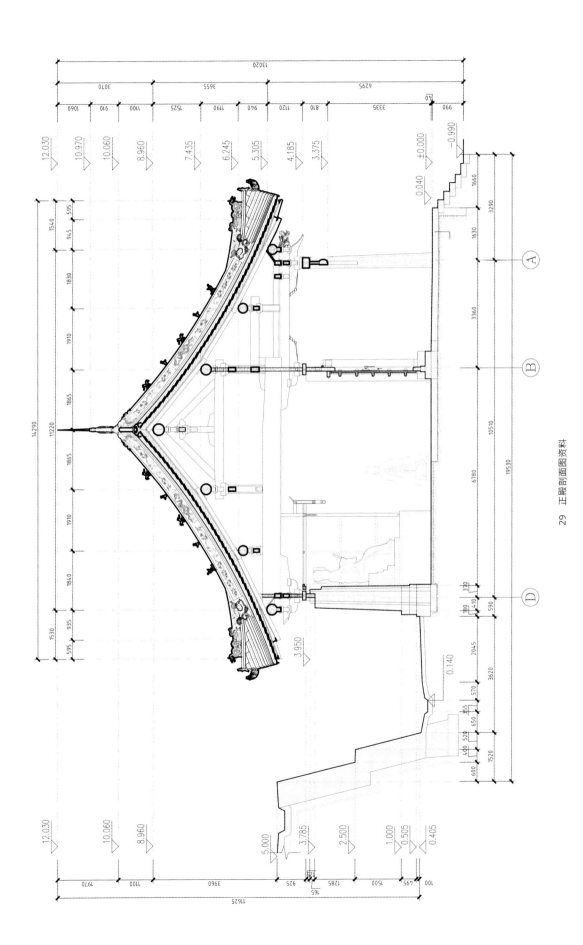

29 正殿剖面图资料

3. 东西配房

东西配房位于正殿靠南的东西两侧，紧依廊房北山墙而建，东西坐向，平面长方形。面阔三间，进深四椽，五架无廊式。配房悬山顶，屋面现为灰布板瓦仰俯扣瓦，不设垂脊。

（五）骡房

骡房位于东掖门外侧，坐东面西，平面长方形。面阔四间，进深四椽，五架梁通檐用两柱，单檐硬山顶，仰合瓦屋面。

30 正殿额枋木雕

31 正殿额枋木雕

32 正殿梁架

33 正殿梁架

34 正殿梁架

35 正殿斗栱

三、价值特色

石掌玉皇庙主要建筑保存较完整，总体建筑布局东西以中轴对称，由南而北随地形呈台梯状依次抬高，各建筑形制主次分明，空间布局疏密有序，各单体建筑构造巧妙、做工精细，建筑上的砖雕、木雕、绘画和琉璃题材广泛、造型考究，具有极高的历史、艺术、科学价值。

（一）历史价值

石掌玉皇庙创建年代不详，现存大殿从外观形式及内部梁架结构来判断，正殿梁架、后檐斗栱、两山斗栱均为金代构造，木构件用材宏大，虽经历代重修，但其主要构件依然为宋金遗物，展示了宋金建筑的风貌，是晋东南地区早期建筑的重要遗存，具有较高的建筑历史研究价值。庙内各建筑的各代修缮，展现了文物古迹自身的发展变化。

（二）艺术价值

石掌玉皇庙大殿和山门在空间形态、造型、装饰和形式美等方面体现了我国宋金时期、清代及民国早期的建筑艺术水平。庙内文物建筑的砖雕、木雕等装饰比例匀称、构图精美，题材广泛且内涵丰富，具有极高的艺术价值。抱厦龙头斗栱、象鼻铺作，做工精巧、饰以彩绘，豪华大气；阑额、由额、雀替、墀头等建筑构件，雕工上乘，题材广泛，有狮子滚绣球、凤穿牡丹、二龙戏珠及传说人物等，形象传神，布局得当，做工精美。

（三）科学价值

庙内各建筑结构巧妙，独具匠心，许多科学构造技术的应用，赋予庙宇较高的科学价值。庙内轴线上大殿与山门（戏台）建筑间随地形逐层抬高，总高差 4.46 米，二层台高 2.49 米，朝拜（观戏）者站各层平台上，山门（戏台）全景尽收眼底，体现了创建者独特的空间视觉理念。山门、戏台、耳楼（梳妆楼）三用合一的构筑，既节省了空间又降低了造价，同时抬升的戏台便于唱腔远播观赏演戏，为扩大看场的容量提供了条件，体现了古代匠人巧妙的设计思想，是建筑科学研究的珍贵实物例证。各座文物建筑周檐墙下里外均设置土衬石各一层，起到对上部条砖砌筑墙体的防潮作用，同时增加了墙体的整体稳定性。

（四）社会价值

玉皇庙庙内供奉的玉皇、山神、土地、武道将军、药王、二仙等神像，反映了晋东南农业社会中传统的信仰，是当地人日常生活中朴素情感的重要寄托。玉皇庙一年一度的庙会，成为石掌村居民重要的文化活动和重要情感纽带。

四、文献撷英

"永垂不朽"碑

清咸丰八年（1858），保存于骡房内，砂石质，圆首，方座。

且夫风咏所系，原为阖村之禅益，非业为一身历年取土为害，实甚前者已经禁过习焉。不察□庶维首社首重饬，严禁不许取发远者。罚□人将取土□□□，罗头社者，赏钱柒□文，送□官究治。

邑增广生张络铭撰　大清咸丰八年岁次著雍敦详四月下浣。

"重修玉皇庙碑记"碑

同治十三年（1874），保存于东看楼一层廊部，青石质，圆首，方座。

当思创建者前世之功，重修者后人之事。村有玉帝庙，其来远矣。创始不知何年，而考之前记系大明万历年十一年重修，迄于今历岁已久。风雨漂摇，殿宇倾圮，社首等触目惊心，不敢坐视其颓，因于咸丰四年，遍约村中父老公议重修之，但旧制隘而不宏，惟是阔其基址，量其工程，同心协力，共襄盛事，均不得半途臁乃任。而且按地收粟，按户起工，经营数载，将神殿庙宇一统从新修葺，增修下院东西配房六间，东西抱厦各一楹。又经营数载，复创建舞楼三间，随带东西配房八间，当作新者则作新之，当创建者则创建之，当修饰者则修饰之，一应神像皆金装彩绘，其他马厩牛屋坑厕碾则无不悉具。工开十八年，至同治壬申其工始竣……大清同治拾三年岁次甲戌仲冬子月上浣之吉。

"重修玉皇庙碑记"碑

民国六年（1917），保存于西看楼一层廊部，青石质，圆首，方座。

尝闻诗云：普天之下，莫非王土。所报上苍皇王水土之恩德，而且廊庙之间，庶民孰不尝有祭之礼乎？□吾村昔有玉帝庙，历代久远矣。前记创始不知何年，而难考之，前记系大清咸丰四年重修，迄于今岁深时。以风吹日晒，殿宇□圮损坏，社首等踌躇思想，尚不敢袖手旁观，坐视其颓也，因于宣统庚戌年遍约村中父老人等，公同议论重修之，惟是阔其基址，量其工程，鼎力周办，均不能半途而废，徘徊独木难支尚得众人之力广也，而且工费按地捐款，论户起工，则经营数载，将神殿、庙宇东西配房、舞楼一概重修；又经之营之数年，三门外月台上创建抱厦三间。当作新者则作新之，当创建者则创建之，当□饰者则□饰之，一应神像皆金装彩绘，东□门外其他随重修马厩四间，然而工开八年，至民国丙辰工程告竣……中华民国六年岁次丁巳仲春闰二月吉旦立石阖社同勒碑记。

12

南神头二仙庙

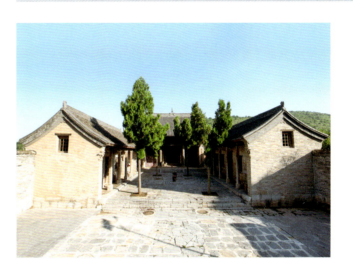

南神头二仙庙 / NANSHENTOU ER XIAN MIAO

一、遗产概况

南神头二仙庙位于晋城市陵川县城东南潞城镇石疙峦村南1公里处大鼓山、小鼓山之间的山坳中，四周群山环绕，十分幽静。山坳东至古郊乡马圈村，西至夺火乡佛水村，南神头二仙庙恰处绵延40余公里狭长山坳的最高点，建筑规划选址别具特色。作为"二仙信仰"的早期建筑群，个性特征显著，现存建筑正殿为金代遗物，其余为明清建筑。

二仙庙坐北朝南，一进院落，南北长46.7米，东西宽21.3米，占地面积995平方米，建筑面积343平方米。包括正殿、东西廊房、东西耳殿。

南神头二仙庙创建年代无可考，清代进行过大规模修葺。清康熙十七年（1687）《重修二仙庙碑记》、清道光二年（1822）《重修二仙庙碑记》记录了三次维修，分别是顺治十三年（1656）、康熙十七年（1678）和道光二年（1822）。其中道光二年重建碑载："于嘉庆二十四年季夏兴工，大殿三间依旧更新，马王祠广生祠由根而起。"这段碑文中哪些是维修的旧物，哪些是新建都有交代，尤其是正殿"依旧更新"四个字表明古人对古物是十分尊重的，修旧如旧，我们才得以领略金代大殿的风采。

据碑文记载，清顺治十三年（1656），修复正殿，新建左右耳房、廊房、山门和戏楼等；至清康熙

01 南神头二仙庙全景

十七年（1678），维修工程全部完毕。清道光二年（1822），修缮正殿、东西廊房、山门、东西耳房等。1960年，东廊坊曾揭瓦重修。20世纪80年代，村内自己集资修缮了正殿两侧的墙体；但山门及山门两小殿和戏台塌毁后无人修葺。1997年，列为晋城市文物保护单位。2006年5月25日，被国务院公布为第六批国家重点文物保护单位。2011年山西省古建筑保护研究所编制《陵川南神头二仙庙修缮工程设计方案》，2013年10月由山西省古建筑保护工程有限公司开始施工，2014年11月竣工并通过竣工验收。2014年12月完成南神头二仙庙周边环境整治。

二、建筑特点

南神头二仙庙建筑格局别致。由石疙峦村看南神头二仙庙，首先映入眼帘的是端庄如云的背立面，背靠众生，面朝大山。如此选址，打破了寺庙道观多数倚山而建、面朝来者的定律。

南神头二仙庙为一进式院落，中轴线前为山门，左右平行坐落的是两侧东西廊房，后方正中就是二仙庙正殿，正殿两侧为东西耳殿。南神头二仙庙建筑群体现出鲜明的平衡、稳定的空间构成，表现了结构与艺术的高度统一。

（一）正殿

正殿位于中轴线最北端，建筑面积 124 平方米，面阔三间，进深六椽，平面正方形。屋顶形制为九脊单檐歇山顶，灰色筒板布瓦铺制，瓦条正脊。斗栱用材硕大，昂为琴面式，是典型的金代作品。结构上正殿前出廊，前檐通用四柱，柱头卷刹较和缓圆润，柱头之上施普拍枋和阑额。前檐各间均施补间铺作一朵，殿宇斗栱用材硕大。柱头和两次间补间均为五铺作单杪单下昂，昂为华栱刻作昂形，即假昂。其中耍头为乳栿出头刻作假昂，柱头铺作令栱之斗抹斜，里转出华栱两杪承托乳栿。但前檐当心间补间铺作较为特殊，为双杪五铺作，在栌斗和华栱之上均出 45 度斜栱，如团花一簇，斜栱之上出蚂蚱头形耍头、正面耍头刻作龙头形。昂为琴面式。前檐次间补间铺作为五铺作，单杪单下昂，昂为真昂，耍头也为真昂；里转出两杪华栱，之上为耍头承翼形小栱，靴楔之上为两昂之后尾承托襻间枋。前檐当心间施板门，两次间置直棂窗。殿内梁架结构为四椽栿压前乳栿用三柱，乳栿下为前廊；在其之上为三椽栿压前劄牵，这里的三椽栿较为特殊，使用自然弯材，前端搭在劄牵之上，而后端直接搭在四椽栿上皮；再之上蜀柱支撑平梁。

03 正殿

两山面的柱头铺作分为两种形式。南侧柱头铺作五铺作单杪单下昂，昂为假昂，耍头为真昂，后尾与蜀柱相接。北侧柱头铺作同样是五铺作单杪单昂，但是用了真昂；山面只在中间当心间用一朵补间铺作，五铺作单杪单昂，同样是真昂。后檐只在当心间位置用一朵补间铺作，两次间无，五铺作单杪单昂，用真昂。后檐柱柱头铺作为五铺作双下昂，均为华栱刻作昂形，令栱之上承蚂蚱头形耍头，里转为两杪华栱，之上压跳承托四椽栿。

　　转角铺作正出与斜出都是五铺作单杪单昂，两个方向的正出采用真昂，柱头方延伸过去成为华头子，这与《营造法式》所载转角铺作结构"华头子两只，身连间内方桁"是一致的。

　　殿内两侧山墙上绘有古代壁画，局部有脱落。东西山墙壁画（含外框）高约180厘米，宽约340厘米，外框宽约18厘米。其内容为二仙冲惠、冲淑传说故事，虽系清代所绘，但却是山西晋东南一带唯一处有研究价值的二仙传说故事壁画，实属罕见。东山墙壁画底色呈土黄色调，画面上有一纵向宽约20厘米的损毁，其余画面保存完好。西山墙壁画以白灰层作为底色，据呈色推知，绘制时间应晚于东山墙壁画，但画面起甲、剥落较为严重。

04　正殿前檐

05　正殿前廊木构

06　正殿梁架

07　正殿梁架

08　正殿屋坡

09　正殿脊饰

10　正殿斗栱局部

11　正殿脊饰

12　正殿脊饰

13　正殿耳殿山花

14　正殿东墙壁画

15　正殿西墙壁画

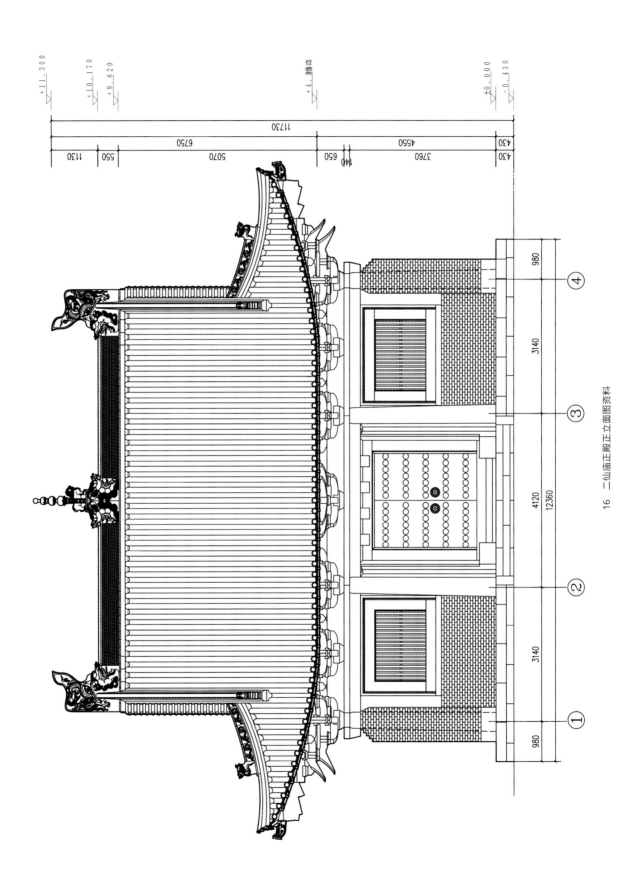

16　二仙庙正殿正立面图资料

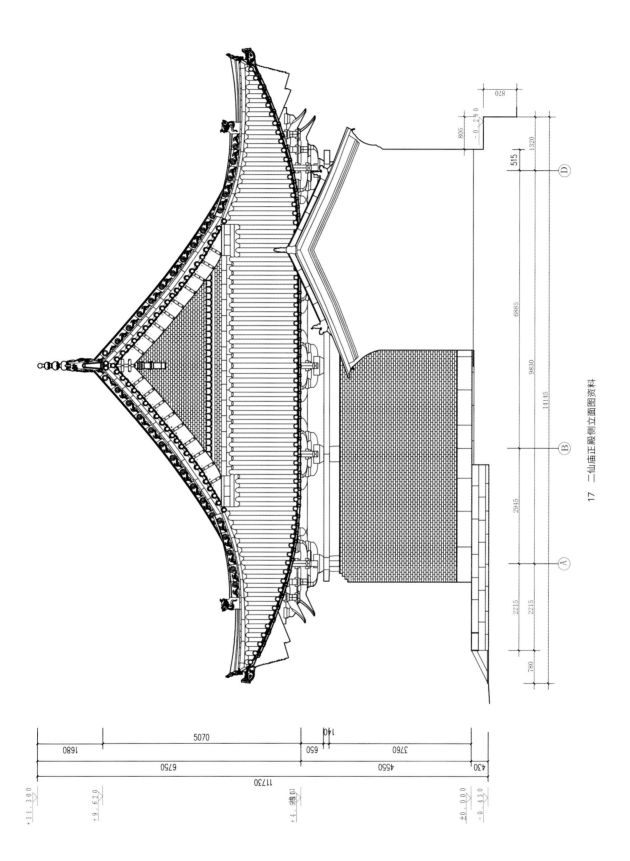

17 二仙庙正殿侧立面图资料

南神头二仙庙

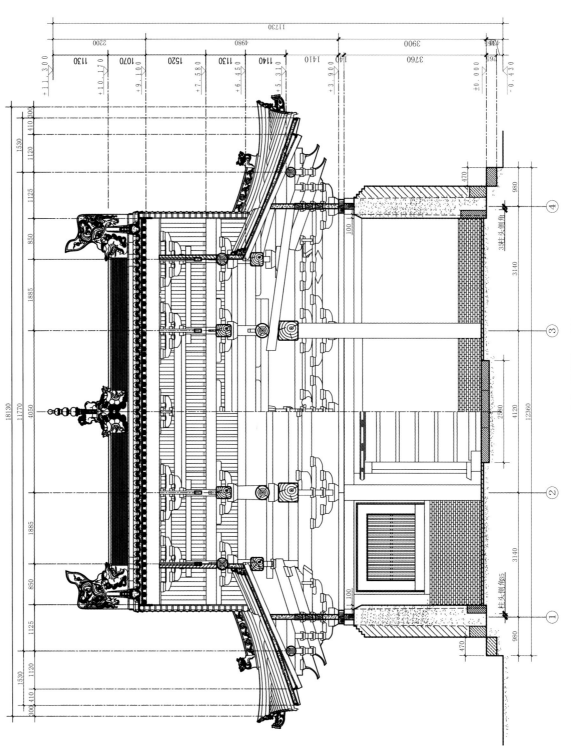

18 二仙庙正殿纵断面图资料

（二）东西耳殿

正殿东西两侧各有三间耳殿，清代风格，应为清代遗存，据碑文记载为清顺治四年（1647）新建。

（三）东西廊房

东西两厢各有五间廊房，为清代遗存，据碑文记载为清顺治四年（1647）新建。廊房墀头为斗栱形。

19　东廊房

20　廊房门顶木雕

21　西廊房墀头

三、价值特色

（一）历史价值

1.南神头二仙庙真实反映了古代民间地方宗教文化的历史实际，是陵川县潞城镇部分村落村民二仙信仰的载体，社会民俗活动的场所之一。

2.正殿保存有山西二仙传说的唯一壁画，体现了山西晋东南地区当时的社会传统信仰观念，可以证实并补充民间宗教信仰的历史史实。

3.正殿建筑结构技术和建造手法是山西晋东南地方金代建造技术的真实体现，为进一步研究山西金代这一时期的建筑提供了可靠的实物例证，具有很高的建筑历史研究价值。

4.南神头二仙庙内保存的碑刻题记证实了二仙庙修缮的历史史实，是研究二仙庙建筑群修建、变迁的重要实证，也是我国建筑史木结构建筑发展变迁的典型实例之一。

（二）艺术价值

殿内两侧山墙上绘有约 12 平方米的古代壁画，其内容为二仙冲惠、冲淑传说故事。

东山墙壁画以水墨绘制的山林作为背景，画面上方中间部位，二仙娘娘头梳高髻，面目清秀，端庄娴静，柳叶眉、弯月眼、樱桃小嘴，上穿大红衣衫，内衬圆领绣花衣，下配白色高腰长裙，领袖黑白绲边，坐于山间苍松之下，正在招呼士兵们用餐。在二仙面前，摆放炉灶，有锅、水壶等灶具。锅灶前面，一个士兵与一位将军席地而坐，一手端碗、一手拿筷子，边交谈边吃饭。灶具右边一士兵正端碗过来蹲下盛饭，后面还有两位士兵紧随而来。灶具左边一士兵正双腿跪地面向二仙拱手作揖，似在对二仙送粥表达感谢。画面下方，一员大将自己吃饭的同时，还不忘牵马饮食。画面左上方，一士兵跪地，左手举着旗子，回身指向右方画面中心部位，似向跨马前来的将军汇报前方战场正在发生的离奇事件。画面右下方一士兵手举文书快马加鞭而来，似前来传达旨意，后有一兵卒紧随。另外画面的下方还有几位士兵似在为大部队巡逻放哨。整个画面以全景式构图方式，描绘二仙娘娘在北宋时期显灵，给宋军提供粥食的神话传说。

西山墙壁画也是以二仙娘娘为中心，描绘天空、海上、陆地三路神仙前来朝贺的盛大场面。仙台依山而建，从画面下部中央拾级而上，二仙身穿大红衣袍，披挂云肩，发挽高髻，头戴宝冠，端坐于仙台之上，相视对谈，似在等待各路神仙的到来。仙台之下波涛汹涌，海上神仙向仙台方向缓缓而来。刘海手提钱串，骑坐金蝉；戴笠老翁稳坐蚌壳之中；一蓝衣神仙手持书本，乘坐在漂浮的枯树枝上，枝头还悬挂着书卷；身穿绿袍的神仙正乘坐在红色的大鲤鱼背上缓缓而来。

天空蔚蓝，云雾翻滚，两位神仙头戴直角幞头，纵马奔驰而来；再右侧邻近仙台处，是白发、白须、大脑门的寿星。画面下端陆地部分，从左往右，第一位是身穿绿袍、袒胸露腹、后背大葫芦的铁拐李；紧接着是身穿红袍、手捧竹编食盒的寒山。再向右是一位身穿蓝袍、手握拂尘的神仙，身后一鬼面人物及一仙鹿随行，此仙人应为吕洞宾。在八仙故事中，有关吕洞宾的传说最多，相伴之鬼怪正是吕洞宾度化成仙的柳树精。在古代用于精英阶层祝寿场合的八仙祝寿、八仙过海等图像中此人物出现较少，但是在民间塑像及插图中经常出现。台阶右侧两位仙童肩挑花篮向仙台走来。最右侧是脚踩祥云、手持金箍棒的齐天大圣孙悟空。

东西山墙两幅壁画从画面呈色及绘画风格可以明显看出并非同一时期所绘。

整个画面内容丰富，壁画保存较好，完整程度较高，是山西省晋东南一带唯一保存完好的二仙传说故事壁画，可以说是晋东南地区的二仙壁画孤品，对地方民间信奉具有较高的史料价值。

（三）社会价值

二仙信仰在晋东南地区由来已久，在晋东南境内仅"国保"二仙庙就有7座，位于陵川的3座，南神头二仙庙即为其一。二仙庙作为陵川县传统建筑的代表，在当地民众中具有较高的认同感。南神头二仙庙见证了陵川县石疙峦村周边村落社会的历史变迁，历史信息丰富；体现了晋东南地区尤其陵川一带从古至今二仙祭祀形式的变迁，对于山西晋东南地区二仙信仰研究提供了实物资料依据。

"二仙"是山西晋东南民间特有的宗教神祇，据说二仙最能体谅民间疾苦，百姓凡祷之必应，于是晋东南各地乡民纷纷建立二仙庙以祭拜二女。自唐宋以来晋东南地区的百姓对于二仙的崇拜长盛不衰，增进了人民对家乡的归属感与热爱。

四、文献撷英

庙内存两块清代维修碑刻，分别为《重修二仙庙碑记》(清康熙十七年)、《重修二仙庙碑记》(清道光二年)，另存《创修三圣祠碑记》。

《重修二仙庙碑记》 清康熙十七年 (1678)

夫废立之理，古今常有；兴坠之事，往昔不□者也。至若此二仙之神祠，未考创建于何许之季，诘其耄年长者而不记其时也。延至大清顺治年间，基根殿宇颓落，圣像难蔽风雨，荒草茂列，大沮瞻礼之轮蹄者也。有浮屠之僧幸遇□，古陵人也，少年出家于平□□□□之古刹，德行兼备，人皆仰望。至顺治十三年，有维首□那吴仕京、都河山统众施主，恭请此老师重修殿宇。师至此其三□之日，是以前人创后人继之，创者将湮继者茸焉，然后往迹遗踪永垂不朽。倘若前辈殚拮据之营，后辈念绸缪之记，各昔者听之。今日听之，将来辗转相摧，渐□渐驰。此方始摧毫末，卒累鸿□，□溃长堤，蝼崩峻岭，岂不惜哉！此老师致□以□众等，簇心修□。躬持缘簿，募化四方，令其同心戮力□成胜事。斯建四转过大殿、三门、左右角房、东廊五楹、西廊五间、三间□楼、广生神祠、五道殿宇，焕然一新。虽然大观是备，年拆尚多，至于功未德完，老师西□腿。又延至大清康熙十七年，有遇之孙法□□□，虽年貌幼稚，其德行迈于老者之风，真同为空门之□榜、法门之良将者也。此会不忍祖之念头，于众社首精诚恳意，徒先未完之功，增其补坠不就之业，以为焚修之会。或有施财者、捐粟者，工匠重修□举坠，绘彩殿宇，□塑金躯，委拆□举，百□咸成。斯记修功之道行，碑记施财之姓名，永垂不朽，福德无穷矣。

　　主持募缘僧幸遇孙通资重孙无□累孙学诗

　　龙飞康熙十七年月在应钟吉旦尧都云水宗仁撰

《重修二仙庙碑记》 清道光二年 (1822)

　　斯庙之建由来已久矣，其创始无所考，而重修尚可稽。屈指其间，又已壹佰肆拾余年，风雨漂摇，摧残零落，几乎形消而影灭。苟不葺焉，不但没前人创建之意，且致神圣无栖身之所，岂不惜哉？而住持触目感心，不忍坐视枞隉，乃请社首公议重修，而众心亦因之有感。自是戮力同心，于嘉庆二十四年季夏兴工，大殿三间依旧更新，马王祠、广生祠由根而起，两廊十楹、山门、舞楼、东西耳房南移八尺，一应重修。又创建东西两厦两所，庙外牛屋三间，五道祠亦固。彩绘殿宇，金装神像。延至道光二年，工程始竣，皆赖众人赞襄，诸工勤劳也。其经营之苦，捐资之难，恐久而烟没，爰勒一石，以志其一切姓氏资财数目，庶永垂不朽，以记其事。

《创修三圣祠碑记》 道光三十年 (1850)

　　位于二仙庙廊间，其中述到："药王瘟神济毒三圣威灵显赫，求无不应"，"千里之外有感斯通六合之中，无德不报"。碑刻中并且提到了在松山之中建了一座山神小庙。

白玉宫 / *BAIYU GONG*

一、遗产概况

白玉宫位于晋城市陵川县潞城镇郊底村外西侧 500 米，距陵川县城 17 公里。坐落于风景秀丽的石山上，地势西北高东南低。寺院周边空间开阔，东侧为较陡护坡，高约 6 米，北侧及南侧均紧邻农田。白玉宫南距道路 20 米，有一条水泥道路直通白玉宫山门前。山门前有开阔空地。白玉宫所在山体北部为历史河道，现已干涸，但河道仍清晰可辨，郊底村至河道取水的道路仍在使用。

1948 年至 20 世纪 70 年代，白玉宫曾被用作小学，并对庙内建筑进行了一定的改建。20 世纪 80 年代，白玉宫恢复为寺庙。1996 年村中集资重塑神像。1997 年又集资对白玉宫进行修缮，对庙中的院落及部分建筑的屋顶材料进行了更换。

2013 年 6 月，山西省古建筑保护研究所制订《山西省陵川县郊底白玉宫保护修缮工程设计方案》，由山西省古建筑保护工程有限公司施工，2014 年开工，2016 年竣工。2015 年完成周边环境整治。

白玉宫于 1997 年 4 月 7 日被晋城市人民政府公布为市级重点文物保护单位；2004 年被山西省人民政府公布为山西省第四批重点文物保护单位；2006 年 5 月 25 日被国务院公布为第六批全国重点文物保护单位。

白玉宫始建年代不详，根据宫内碑文记载，至迟金代大安年间（1209—1211）之前该庙宇已建，时称"东海神祠"。金崇庆元年（1212）重修，并迁建东海神祠至原址的北侧。根据形制判断，现存玉皇殿（中殿）即为此次重修的遗存。此后该建筑群经历代修缮。明代成化七年（1471）重修，当时称玉皇行宫，庙内包括玉皇灵祠（玉皇殿），左右有二仙、龙王之殿，蚕宫、圣姑之堂，并且还有武楼、三门及廊庑等。白玉宫东石壁青石题刻载，明代天启四至六年（1624—1626），砌筑了东西石壁（建筑墙下露明的墙基）。大顺永昌元年（明崇祯十七年，即 1644 年），修建白玉宫的三身佛殿及东西耳房；现存倒座戏台应为明代之后所建，具体时间已无从考证。据民国癸亥年（1923）碑记，白玉宫时称里庙，当时已对白玉宫的三大殿进行重修并增修南侧舞楼及东看楼。1921 年春至 1923 年补修了白玉宫全部建筑共计 51 间。

该庙宇何时改称白玉宫无法考证，但据宫内碑文，至迟至清同治九年（1870）已出现白玉宫的名称。白玉宫的名称来源于玉皇殿前檐四根方形抹角石柱，其建筑材料是白云岩，光滑明亮，似玉一般，故称之为白玉宫。三身佛殿（后殿）的石柱与玉皇殿的石柱应为同时期更换。故其改称白玉宫的时间应不早于三身佛殿的始建年代。

01　白玉宫全景

二、建筑特点

白玉宫东侧为自然青石砌筑的石壁，建筑砌筑于石壁之上；南、西、北侧与自然地面相接，北侧地面于东耳殿后檐墙处由西高至东低过渡。北侧石壁坐落在自然山石上，其余建筑墙基均坐落在素土地面上。

白玉宫坐北朝南，三进院落，南北长102.7米，东西宽24.5米，占地面积2516平方米。创建年代不详，现存建筑中殿为金代遗构，其余主要为明末清初及民国时期建筑。文物建筑包括山门（舞楼）、东西耳楼、东看楼、倒座戏台、东西配房、过殿、东西廊房、正殿、东配殿（西配殿为近期重修）等。

（一）院落

院落第一进为舞楼（下层为山门）、东西耳楼及东看楼所围合的院落，即下院。第二进南侧为倒座戏台，北侧为中殿（玉皇殿）。第三进北侧为正殿（三身佛殿）及东西配殿。东西廊房贯通二、三两进院落。其中第一进院落是一年一度庙会中村民们观看舞台戏曲表演的场所。第二进院落中玉皇殿的前方留存有与玉皇殿立面平行的四处柱础，根据村民描述，为历史上庙会时用于搭建玉皇殿前戏棚的遗存。第二、第三两进院落是庙会中居民祭祀之所。

02　舞楼

（二）舞楼

舞楼、东西耳楼及东看楼，均为民国十二年（1923）时增修，现存舞楼及耳楼为砖木结构。舞楼为三开间两层建筑，下层为白玉宫山门，作为大门及过道使用；上层为舞台，舞台倒座朝北。舞楼南侧为硬山顶，北侧舞台部分则为歇山顶，用五踩双翘斗栱，装饰繁复，平身科及角科用斜栱。舞楼东西耳楼为两层硬山顶建筑。东看楼为五开间两层硬山顶建筑。

根据碑文描述以及现场勘查，西面有高地，可见当时西面应该还没有建西看楼。

03　舞楼转角斗栱

04　舞楼斗栱

（三）倒座戏台及戏台东西耳房

戏台内部分南北两部分。南侧为三仙殿，现作祭祀用；北侧为戏台。根据建筑形制并结合文献判断，倒座戏台现存建筑可能始建于清代，民国时期曾有重修。戏台建在高台基上，为三开间单檐悬山顶，前檐不施斗栱，后檐斗栱不出跳，从大斗中直接出耍头，立面构件装饰性极强。戏台左右耳房同时充当过道的作用，为一层悬山顶建筑，耳房与戏台的两处屋顶在正立面相接。

三仙殿两山墙上保留有屏风式壁画，疑为清代壁画。其中，山尖墙的壁画内容为对弈图，松树下有两人在下围棋，一人在观棋。

05　三仙殿

06　倒座戏台

07　西掖门

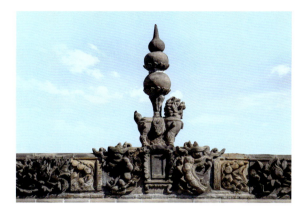

08　三仙殿脊刹

09　三仙殿壁画

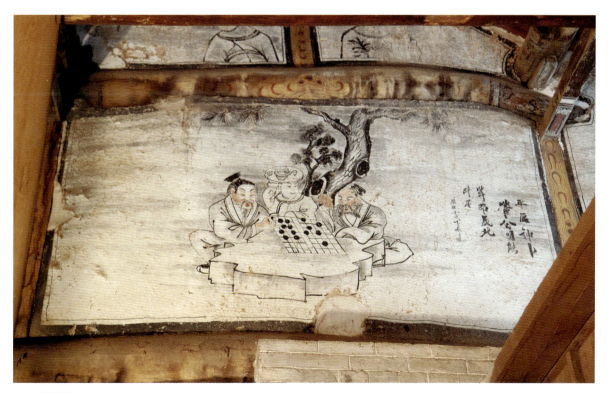

10　三仙殿壁画

（四）玉皇殿

玉皇殿也称中殿，为白玉宫最主要的建筑。根据庙内碑文，民国时称为玉皇殿。石砌台基，面阔三间，进深四椽，单檐歇山布瓦顶。各脊饰为琉璃质。隔扇门窗。两架结构为三椽栿前压劄牵，通檐用三柱。外檐斗栱为四铺作，其中前檐为单下昂四铺作，当心间用补间斗栱一朵，次间不用补间，均用琴面昂及昂状耍头。两山面柱头斗栱，亦为单下昂四铺作，均用琴面昂及蚂蚱形耍头。后檐柱头铺作为单杪四铺作，当心间、次间用一朵斗栱，为单下昂四铺作；昂为琴面式，耍头均为蚂蚱形。转角铺作仅45度方向用下昂及昂状耍头，其正出方向用单杪及蚂蚱形耍头。玉皇殿的外檐斗栱大部分形制一致，东北角转角的昂嘴明显经过后代更换，后檐两朵柱头铺作施足材耍头，其形状仍为类似于"爵头状"耍头，这与该处斗栱内转所接三椽栿是一致的。故推断除东北角角铺作的昂嘴为后代更换外，玉皇殿大部分大木构件应为金代原构。前檐柱为白云岩石柱，其余为木柱。除明间东侧金柱有明显收分之外，其余可见的木柱均无明显收分。石柱为明清时更换。

11　中殿

12 中殿脊饰

13 中殿梁架

14 中殿梁架

15 中殿前檐铺作

16 中殿转角铺作

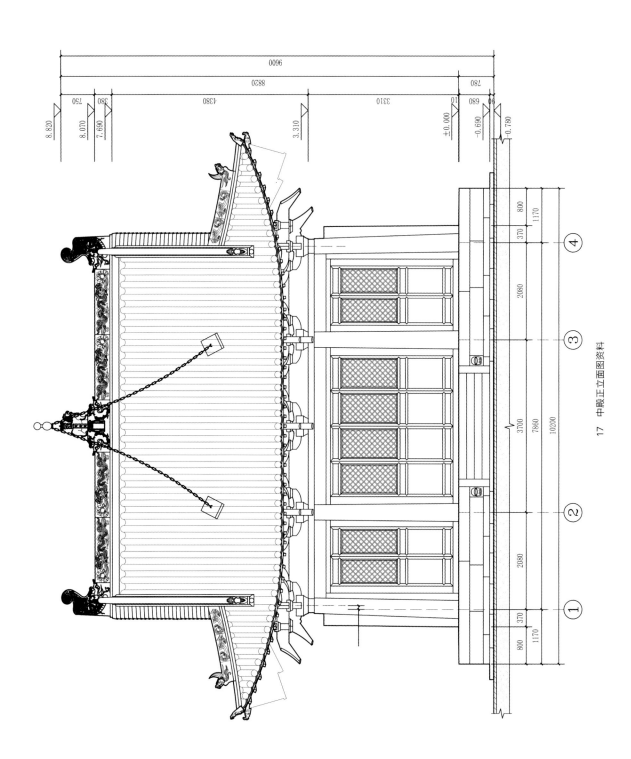

17　中殿正面立面图资料

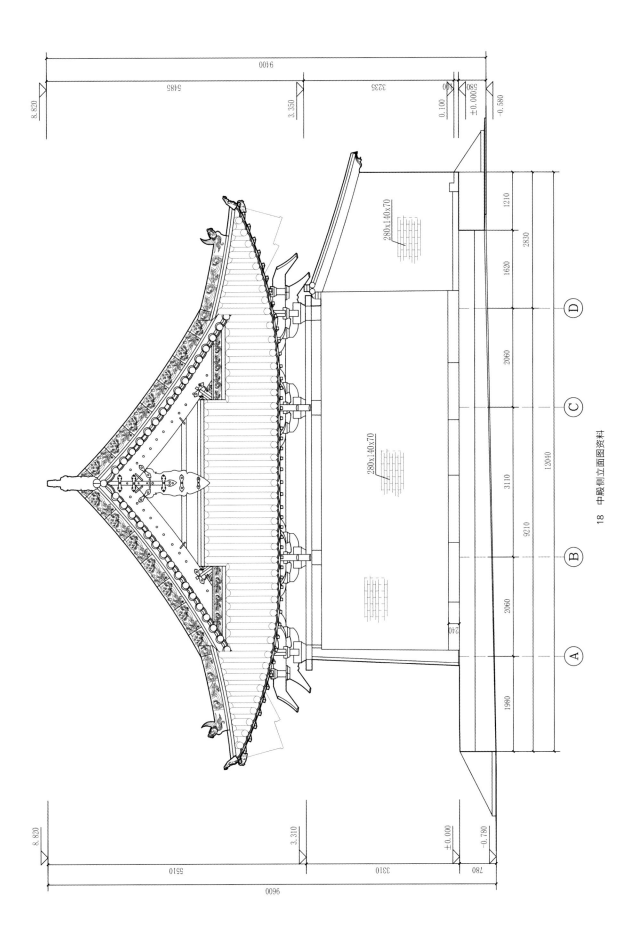

18 中殿侧立面图资料

（五）三身佛殿

三身佛殿也叫后殿，三身佛殿及其左右耳房为白玉宫最后一组建筑。根据建筑形制，三身佛殿及东耳房应为明清时期建筑，西耳房为近代重建。根据殿内顺脊串底皮题记可知，该殿名称以及该殿及左右耳房的始建年代为大顺永昌元年（明崇祯十七年，即1644年）。三身佛殿为三开间单檐悬山顶，前檐用五踩双翘斗栱，装饰繁复，后檐不用斗栱。前檐檐柱亦为白云岩石柱。

19　三身佛殿

20　三身佛殿斗栱

21　三身佛殿梁架

（六）东西廊房

白玉宫东西廊房贯穿第二至第三进院落。始建年代不详，根据建筑形制判断，应为明清时期建筑。根据明代成化年间碑记，当时东西廊房中应供奉有二仙、龙王、蚕官。东廊房包括东廊房（南）、马王殿、牛王殿及东廊房（北），外檐彩绘为近代重绘，部分剥落，内檐烟熏情况严重，原有彩绘难以辨识。西廊房包括西廊房（南）、奶奶殿、蚕官殿及西廊房（北），室内彩绘烟熏情况严重，仅部分原始彩绘仍依稀可见。

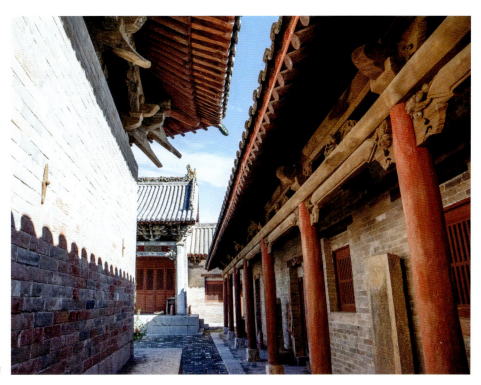

22　东廊房

23　石供桌构件

陵

川

卷

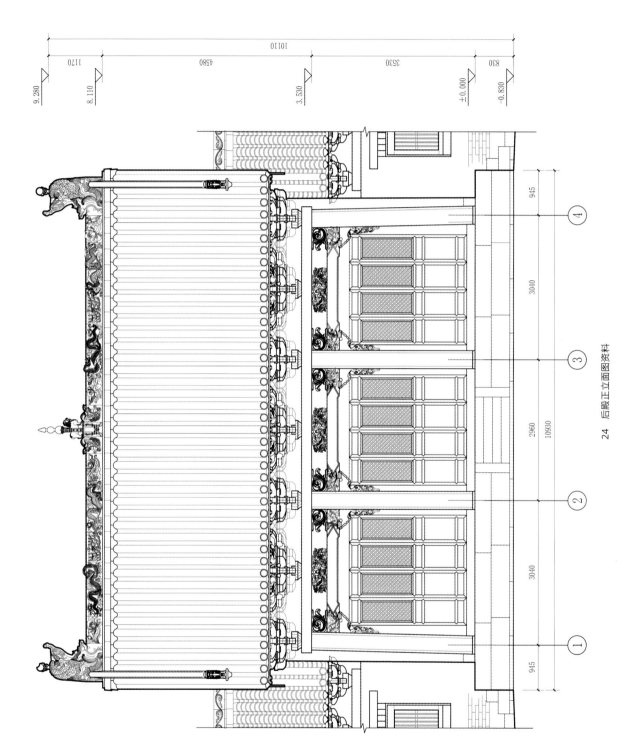

24　后殿正面立面图资料

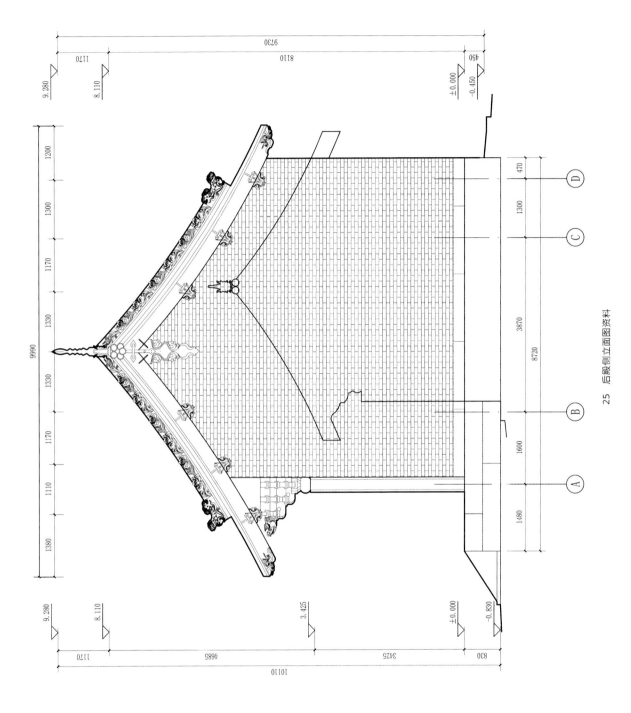

25 后殿侧立面图资料

三、价值特色

白玉宫布局合理，结构严谨，是晋东南地区保存较完整的一处金代遗物，具有一定的历史科学艺术价值。

（一）建筑学价值

白玉宫具有多重价值，其中玉皇殿为金代木结构建筑，其形制可作为该地区金代晚期建筑的标尺，是研究晋东南早期木结构建筑发展史的重要实例，也是研究陵川地区金代物质文化尤其是民间宗教建筑的重要物质遗存。

（二）历史价值

1.宫内保留了金代直至 20 世纪 80 年代的建筑遗存，且建筑中亦能体现历代修缮的痕迹，格局演变历史层次清晰，反映了该庙宇搬迁现址后的发展过程。

2.白玉宫原名东海神祠，是内陆为数不多的祭祀东海神的庙宇，是我国金代以前东海祭祀历史发展的重要研究资料。

3.白玉宫的三身佛殿内的题记使用的是李自成义军政权大顺永昌的年号，十分少见。这一现象是研究该段历史对晋东南地区影响的重要证据之一。

4.白玉宫内遗存的从金代至明代、民国乃至现代的重修碑或相关碑记，记录了以白玉宫为中心、以郊底村为主的附近村落组成的社区与白玉宫之间的关系，是白玉宫功能延续的见证。

5.白玉宫从最初的东海神祠到玉皇行宫至今，所供奉的神灵众多，包括了道教、佛教及多种民间信仰，是研究该地区宗教信仰体系的发展过程的重要遗存。

（三）艺术价值

1.白玉宫的舞楼、戏台及后殿保留了精致繁复的木雕，是晋东南地区明清至民国时期木雕艺术的重要遗存，反映了晋东南的木雕艺术水平和鲜明地方特色。

2.白玉宫建筑上留存了具有地方特色的彩绘及壁画，是反映该地区民间宗教建筑中的彩绘及壁画艺术水平的重要遗存，具有重要的艺术研究价值。

（四）科学价值

1.白玉宫中的建筑反映了其所属时期的建筑技术，尤其是玉皇殿，是晋东南地区金代晚期建筑的重要遗存，对研究金代晚期该地区的建筑技术水平具有重要价值。

2.白玉宫的建筑经过历代修缮，在修缮过程中使用了不同的材料，反映了不同时期运用不同建筑材料的史实，是研究历代建筑技术发展的重要资料。

（五）社会价值

1.白玉宫从创建以来一直是郊底村的重要宗教建筑，其所在的位置和朝向对郊底村的格局亦有影响。

2.不论是金代的东海神祠还是明代时的玉皇行宫乃至后来的白玉宫，均为郊底村及其周边居民的精神寄托。白玉宫作为该地区的精神场所，对其周边社区民众的精神凝聚具有重要的社会价值。

3.白玉宫延续至今的庙会，规模浩大，是每年一度的盛会。因此，白玉宫是该地区非物质活态遗产的重要载体。

四、文献撷英

宫内存碑8通：金代崇庆元年（1212）碑2通、明代成化七年（1471）1通、清代同治九年（1870）及清代光绪三十一年（1905）石碑各1通、民国十二年（1923）石碑3通，明代天启六年（1626）题刻一处。

《重修东海神祠记》 金代崇庆元年（1212）

乡贡进士锦屏都大荣撰 居人郭敏书

窃闻天地定位，立一圣以惣临；山海奠形，有百神而分主。凡在土地之众庶，阴资仁德以扶持。然而微妙难明，变化各异，或功著德茂，而受□于亿载，或羽跃仙登，而血食于一方。与造化争功，阴阳争奥，无祷不应，有感即通，虽皆有益于人，能利于物也。至于烁电藻以耀八纮，震霆声而惊四远，呼吸而风震荡，吐纳而云飞扬，滂沛雨泽，浸润生物，其妙用无方，不可以形而诘者，皆无述于海神之灵，是宜缩丰洁之祀貌乎无穷矣。考之于古，其详靡得而言：在唐宋间，筑室而祭者，莫计其数，江淮颍□之俗，陈蔡许汝之民，崇信尤笃，奔而奉祀者惟恐其后。迨圣朝革命，南北抚定，九州四海，郡邑村落，飞檐峻宇，争为设祠祷祭者，又从而皆是，固不知几何所。

邑之西南，地逾一舍，疃有下郊，亦建其祠以为一方之镇。居人岁时致祭祠下，或馈荐牲饩，或酌献醪醴，其仪卫严设，则辉革灿日，其箫鼓备奏，则声音沸天，朔而又朔，终而复始，靡有旷阙□□神心亦□□以此保缩焉。脱或阴阳之错谬，灾害之流行，□而禜之□休征即应，是以有土之俗，默受无穷之恩。

然自元庙以来，□祀绵貌，垣墉圮毁，檼栋欹倾，不无鼠牙雀角之害。其制度又且卑隘，一旦居人□视，而社首□□曰："其祀神之礼粗且如是，又岂可仍旧贯而艰于改作，坐观其弊而不为葺乎？"□是议同众□□曰美矣，愿施金帛，而毕其事。乃于故基之北，诛茅析薪，揆景正方，增大其制，遂根斸鼻之工，以作凌霄之构。斧斤雷动，材木云蒸，柱础森严，壁坤仪而踊出，觚棱崴嶮，排空际以飞来，庶民功之不成矣。加以丹青之饰，文腾金碧之辉。经营于大安辛未之夏，断乎于崇庆壬申之秋，望之俨然，功其美矣。中安神像，式副其德，使春秋祀事之明，造庭瞻仰者，愈加其肃敬。

噫！是功之兴，诚不易耳。仍虑后之继主其事者，或倦于葺，迨岁月浸久，以致摧毁，不副前人兴作之意，欲纪其本末于坚石，以为来者之戒。功既落成，友人郭文辅具道所以，致殷勤之恳，祝予为记。牢让再三，义莫能拒，姑书此以塞责。

时崇庆元年中元后三日志

《重修玉皇行宫碑》 明代成化七年 (1471)

盖闻妙体隐于无相，大用发于无为。无相无为，无而造化无穷者，天也。夫天也者，至虚无涯，至明无始，至灵无□，至妙无为，寂然不动，谓之玉帝，无双易也。又曰：无极虚明之中，灵妙将发，谓之太极。灵妙发矣，一气盛矣，谓之太初。一气转旋，谓之太始。灵妙纯真，谓之太素。二气判，清浊分，谓之两仪，气清而上者谓之阳，气润而下者谓之阴，阳体刚阴体柔，阳刚曰乾，阴柔曰坤，乾坤具而五行生乎其中矣。上帝二仪分兮，待我而取象；四象生兮，从吾而发辉。阴阳因此以迭代，寒暑由斯而运行。有霜露之杀兮，从其斟酌；有雷霆之威兮，定其震发。聚乎大也，化成象于山川；散彼小焉，育流形于草木。体化渊宗，遐彰妙旨，执右御今兮广矣大矣。见素抱朴兮，自然而然，岂不以天长地久，法众妙以无方日往月来，茂强名而不泯示，乃率性清虚希声真宰。上抚天庭，总百神而有伦有要；下临宇宙，育倍姓而无党无偏。亦由道本中，化教由外兴，备百纲于厚载之中。曲尽其妙，兴三教于秉阳之上。无得而逾于见动植存□，我则作变化咸亨之主，于以见胎卵湿化，我则作发生庶类之源，咸敷大一之灵，寔降时万之福，稽诸妙有不可殚论。今乃太行之北，泽郡之东，地分龙王，境居陵川。今有下郊里居人李旺等，初为旱一时，农伤百谷，祈祷上苍，遂降甘雨，翌日雾湿，民得其穗。由是会里社之众，卜其吉地，命匠鸠工作役，举兴其事。先构玉皇上帝之灵祠，左右二仙、龙王之殿，蚕官、圣姑之堂，武楼、三门、廊庑等寮，规模宏壮，檐牙啄空。各殿内塑妆圣像，重整神容，一一完美，经营谋度，其用心亦至矣。庙宇暨征其始而莫究，考其终□□□而无穷，必□永神灵用，其构恐骧盛观，载续贞珉，俟传于不朽者耳。

时大明成化七年岁次辛卯三月壬辰十一日甲申吉日立石

万松野衲鲁庵撰并篆额助笔书碑门人道增

高平县王报村镌造匠王举

《阖社公议移来松峰例禁至界旧碑记》 清同治九年 (1870)

尝观天地之间，有一物必有一主，且有一物又必有一用。然欲备万世之用，非滋生之藩，则不能；而欲作栋梁之材，又非培养之久，则不可也。兹郊义里白玉宫西南有松峰一处，名曰□楼脚。四至开明，东至东山脚社地界，西至山顶，南至掌界，北至掌界，四至以里一切大小松柏树木，并属里社所管，以备永远修造、补葺之资，是物既有其主又有其用焉。特立禁约：无论大小树株，不许偷伐、移栽，不许纵火烧燎，如有无耻之辈，大干例禁，偷伐树株，有人拿获，连人带树到社，鸣钟出首，社内量家产议罚外，赏给出首者大钱五千文，抽罚三分。倘犯禁之人，不遵社规，社内同乡地凭执照送官究处，决不食言。旧碑立于大清丙戌年，不知丙戌是何年，又不知何时将碑毁坏，已历多年，无有重整理者。此时靳贵远等恐其久必有失，渐传渐远，无人知有此松峰，即知有松峰，亦不知松峰之界也。是以爰命主人，复勒诸贞珉，以永垂不朽云尔。

靳重明书丹

郊义里合社维首仝具

主持侯元通

大清同治九年岁在上章敦牂仲夏既望日重立石工李长瑞

《清光绪碑》 清光绪三十一年（1905）

尝谓禁约以正风俗，除邪以靖地方，苟非以理而论，合里奚能一心乎？兹因斗行交易不公，任意妄行，众皆恶之。人心不平，因此面理，幸有郑大老爷闻风夤夜至附镇，责处斗行，恐其里下滋事，批谕凤山绅社秉公理处。演戏了结，另定章程七条一则。责斗行妄行又欲里下悦服，乃事行而曰粮食，农人非粮食不生活矣。况据合同两张为凭，凤山存留一张，里下存留一张，恐日久失落，方演戏勒碑，众皆悦之，以此为准绝。无论大庄小村不得半途而废，莫谓言之不先始于此而终于彼也。为此勒碑以存永远不朽耳。

今将条规开列于后

一条斗行不许况收斗用

一条诸粮食不许撒合

一条买卖交易一切高钱

一条粮食到斗先将价哈明

一条斗行不得下乡赫吧与众

《补修庙宇创筑舞楼配房之碑记》

共3通，民国十二年（1923）立。

盖闻聪明正直，则为神。神即心，心即神，心善神善，心恶神恶。自古神道设教，俾尽其诚而践于信者也。上帝即天，天照于心，心诚之灵，有感斯通忠信笃敬，神无不佑。及此而立，皆能行矣。昔者建庙于斯地，峰下河上虽低而亮。乃众山拱照之处，郊义里众村庄环绕之中，故号曰里庙。当央玉皇殿，玉柱两双，传言神运，不知来由何方，名之曰白玉宫，以昭其洁。虽重修有底，然历经年久，创自何代，无碑可考。近来庙宇坍塌，神像露损，又兼由河而上，山路崎岖，行人不便。于是集议修治道路、石敦根基，补修旧有之三大殿及配房，共五十一间；新葺舞楼九间，东看楼六间□垣墙厦棚，以资社会教育，预算工料约需万金。阖里人民众口一辞，有力者捐资，无力者□工。发起人□众志成城之语，决定开工。自民国十年仲春动作起，至十二年孟冬告成止。除本里纳工不计外，捐资万缗。四方善士富捐布施六千馀贯，另行勒石刊载芳名，以冀永垂不朽。是为记耳。

郊底村社圪塔村社杨家岭社各捐银一百两

洪河头社东耍沁社西耍沁社各捐银捌拾两

社葡萄社捐银柒拾两

报国村社河北村社桑家坪社各捐银伍拾两

河东浅社捐银肆拾伍两

猪尾村社西谷堆社上背上社各捐银肆拾两

东坡村社捐银二十两

……

崇安寺 / *CHONG'AN SI*

一、遗产概况

崇安寺位于陵川县城西北的卧龙岗上。创建年代不详，当地流传有"先有崇安，后有陵川"的说法。据寺内现存清乾隆三十四年(1769)《重修崇安寺禁约序》碑载，唐初名为"丈八佛寺"，宋太平兴国三年(978)敕名"崇安寺"。崇安寺建筑规模宏大，历史上称为陵川十大佛寺之首。

崇安寺坐北朝南，三进院落平面形制为长方形，东西宽 61 米，南北长 93.5 米，占地面积 5722 平方米，建筑面积 2668 平方米。包括山门前三级高台及台下广场在内，总占地面积 7367 平方米。寺院中轴线上依次有山门、过殿、大雄宝殿、石佛殿等，东西两侧为钟鼓楼、廊房、西插花楼等建筑。寺内保存有宋、金及明清时期的碑刻题记约 20 处，具有较高的史料价值。

2006 年 5 月 25 日被国务院公布为第六批全国重点文物保护单位。

01 崇安寺全景

二、建筑特点

（一）山门

崇安寺山门即古陵楼，为一座两层三重檐的楼阁式建筑，建筑面积 320.80 平方米。山门面阔五间，进深六椽，平面长方形。一、二层均周设围廊，二层重檐歇山。楼身正面中间匾额书"古陵楼"，两侧各两块分别为"行山钟秀"四字，楼身背面则为"留月栖云"四字。主要结构为明代遗存。

崇安寺筑于三级高台之上。古陵楼月台均为青石砌筑，条石压沿，前后均设踏道三步。

建筑结构一层是石柱，二层是木柱。石柱立于青石砌筑的台基之上，柱底施柱顶石，柱间施平板枋、阑额和雀替，柱头设置斗栱。二层木柱均为方形。二层廊柱插立在平坐斗栱的耍头节点之上，周围施木质勾栏围护。檐柱插立在平坐斗栱的正心枋节点之上。斗栱分为廊柱斗栱、平坐斗栱、檐部斗栱三类。一层廊柱柱头斗栱为三踩单翘，出耍头。平坐层斗栱为五踩，重栱计心造，承托过梁及上层构造。檐部斗栱内外均为五踩，重栱计心造，出耍头后承托七架梁及檐檩节点。梁架为七架梁通搭前后檐，通檐用两柱，周插廊。一层梁架施过梁，搭设楼楞木，铺设楼板。

墙体均为青砖砌筑。一层明间开门，次间置窗，梢间为墙体。二层明、次间开门、梢间设窗，其余位置均被墙体包砌。

建筑一层正面明间设板门，背面明间设栅栏，前后次间均设方格窗。一层正面明间设青石门框，门楣正面左右分别镌刻"嘉祐辛丑六月，崇安寺新作经藏石门"以及"下壁村施主清资造门"题记。背面明间设置木门框和石门枕，安装栅栏。二层正面明次间均施隔扇门，背面明间施隔扇门，次间为方窗。前后梢间的窗户均为外圆内方形式。隔扇门均为四抹，每间六扇。

室内地面一层、二层为方砖铺墁，夹层为木楼板。一层入口两侧塑四大天王像，东侧立有崇安寺修缮碑记若干通。西北角设置砂石踏道和木楼梯可上二层。

屋面为青灰筒板瓦覆盖，屋顶为重檐歇山式，琉璃脊饰、吻兽、脊刹、剪边、方心，顶部山面施悬鱼、惹草等构件，且使用铁件较多。

建筑柱子、装修和勾栏等构件和部位均油饰彩绘。

03 山门背立面

04 山门斗栱

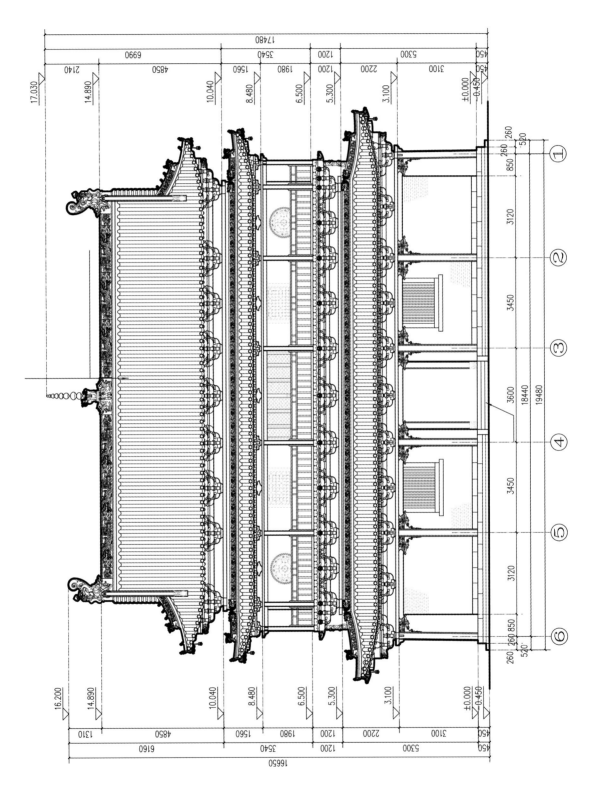

05 山门背立面图资料

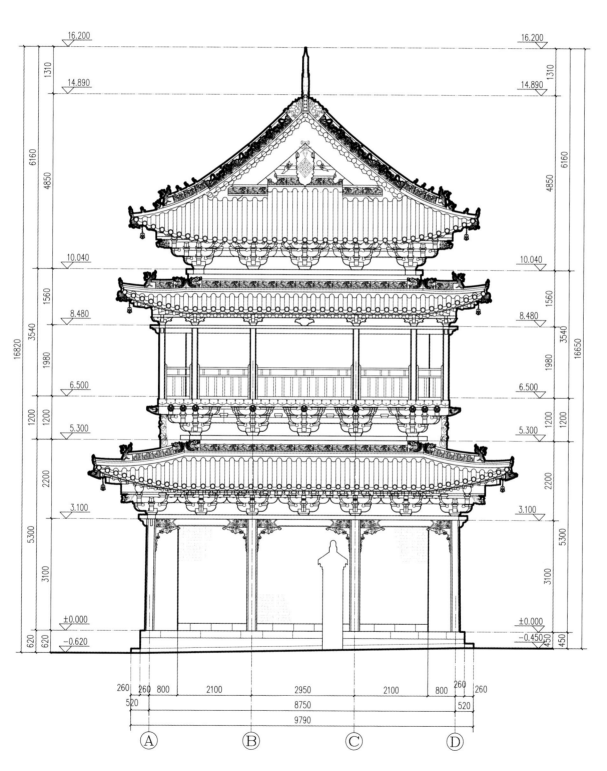

06　山门侧立面图资料

（二）钟、鼓楼

钟、鼓楼位于山门东西两侧，东侧为钟楼，西侧为鼓楼，造型精美，形制一致。面阔均为三间，方形平面，两层，台基青石砌筑，重檐歇山顶殿阁式建筑。单体建筑面积 78.32 平方米。檐下斗栱五踩双翘，重栱计心造。五架梁通达前后檐。二层四周施插廊各三间，青灰筒板瓦屋面，琉璃方心，琉璃脊饰、吻兽、剪边。屋檐四角施琉璃套兽并悬挂风铃。钟楼一层正中悬挂宋徽宗崇宁元年（1102）铸钟一口，高 2 米，径长 1.7 米，上铸文字和方格纹。

钟鼓楼位于山门两侧烘托山门气势，形成更加壮丽的立面形式。

（三）东西掖门

东西掖门位于山门和钟楼、鼓楼之间，面阔一间，进深两橼，单檐悬山顶。单体建筑面积约 16 平方米。东西掖门各有方形石柱四根，柱间施平板枋、阑额和雀替。前后檐设斗栱，柱头科四攒，平身科两攒，梁架为前后单步梁施两柱。门两侧以青砖砌筑墙体，直接承托脊檩。过木之下设迎风板。琉璃剪边筒板瓦屋面，琉璃脊饰、吻兽。柱子和木构架均油饰彩绘。

07 钟楼局部

08 鼓楼

09 西掖门

10 钟楼

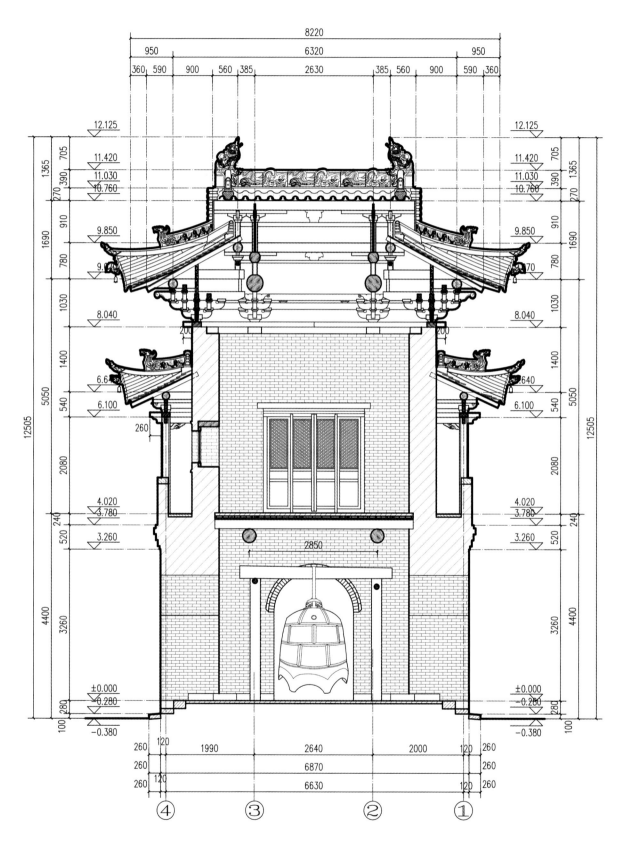

11　钟楼剖面图资料

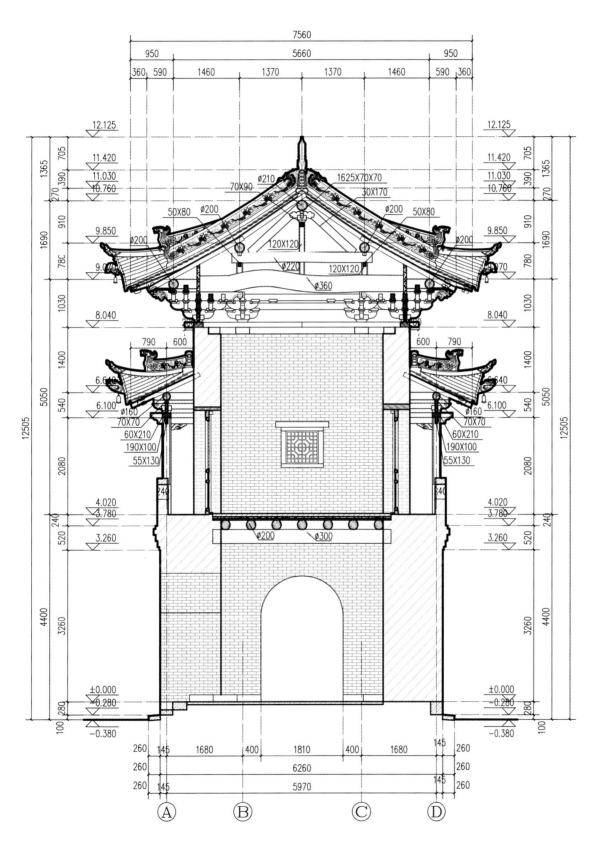

12 鼓楼剖面图资料

（四）过殿

过殿又称当央殿，位于寺院中轴线山门和大雄宝殿之间，为第一进院正殿。建筑坐落在月台之上，坐北朝南，面阔五间，进深六椽，单檐歇山顶，青灰筒板瓦屋面，琉璃剪边。建筑面积 224.73 平方米。

用柱分为石柱和木柱两种。石柱为檐柱和金柱，木柱用于后槽金柱位置，共计两根。梁架为六架梁对前单步梁。前后檐柱头科斗栱均为五踩，重栱计心造，承托檐檩及其上部构造。平身科斗栱每间各一攒，均为五踩，重栱计心造。角科斗栱顺身出跳与柱头相同。金柱柱头斗栱三踩，承托六架梁。柱头斗栱均出 45 度斜栱，龙形耍头，额枋用材大。殿内供奉毗卢遮那佛。

墙体青砖包砌，东西山墙高度直达额枋位置。前檐明次间均施隔扇门，梢间设窗，后檐仅明间施隔扇门。屋面为青灰筒板瓦覆盖，琉璃脊饰、吻兽、脊刹、方心。建筑顶部山面施悬鱼、惹草等构件，且使用铁件较多。

13　过殿

14　过殿梁架

15　过殿梁架

16　过殿梁架

17　过殿梁架

18　过殿前檐斗栱

（五）西插花楼

西插花楼又称藏经楼，位于寺院当央殿西侧，坐西朝东，为典型的楼阁式建筑，平面方形，面阔三间，进深六椽，两层三重檐歇山顶。建筑面积225.03平方米。

一层周檐不设柱子，仅在楼内承重梁下分别设置支顶柱一根，均为木柱。二层设廊柱和檐柱各一周，形成回廊结构。斗栱根据分布位置而构造不同，一层檐斗栱均为砖雕，四铺作、单栱、出耍头；平座层斗栱为五铺作，重栱计心造；顶层檐斗栱为五铺作重栱计心造。内转五铺作偷心造，梁架为六椽栿上立金瓜柱，脊部襻间枋墨书题记："大清乾隆三十一年岁次丙戌……"屋面施青灰筒板瓦，琉璃脊饰、吻兽。两山施博风板、悬鱼、惹草，其上使用铁件较多。

建筑屋架形式、当心间次间的间广与柱高比例、斗栱用材，与《营造法式》所载相近，且在角梁、六椽栿采用天然弯木、梁栿搭接比较自由等做法，表现出元代建筑特点。

19　西插花楼

20 西垛花楼局部

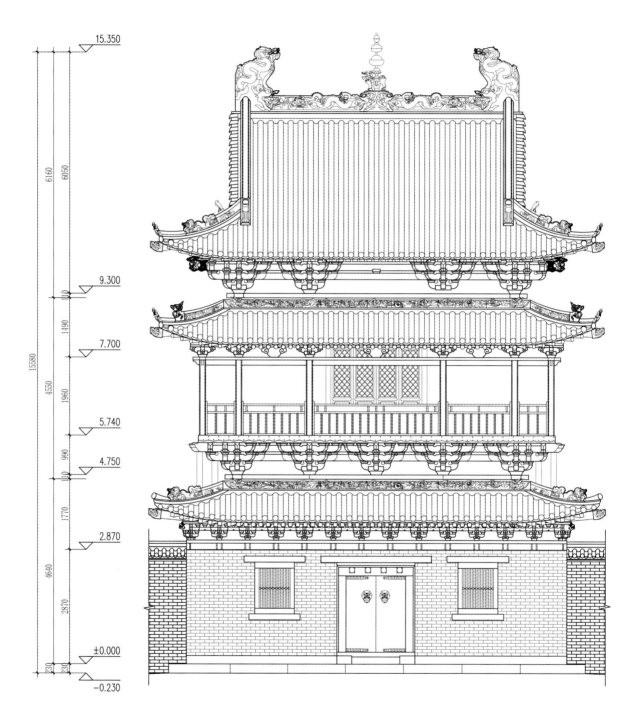

15.350

6160
6050

9.300

1490

7.700

15580

4550

1960

5.740

990

4.750

1770

2.870

4640

2870

±0.000

230
230

−0.230

21　西插花楼正立面图资料

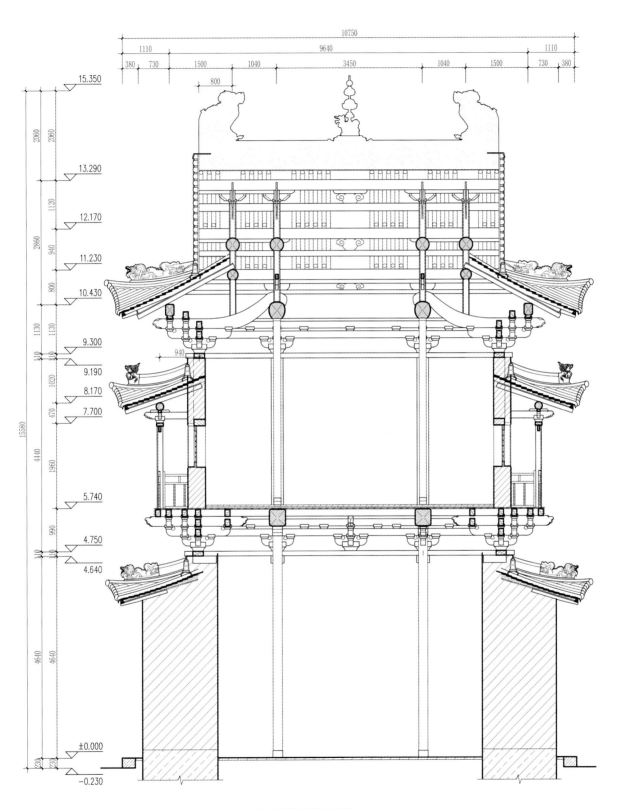

22　西插花楼剖面图资料

（六）大雄宝殿

大雄宝殿位于寺院轴线第二进院，正殿和石佛殿之间，坐北朝南，面阔五间，进深八椽。殿前设置月台。建筑面积 308.16 平方米。单檐悬山式屋顶。五踩斗栱，双下昂，昂为假昂，昂咀雕刻华丽，补间铺作出 45 度斜栱。青灰筒板瓦覆盖，琉璃脊饰、吻兽、剪边、方心，前后檐均出飞椽。两山施博风板、悬鱼、惹草，多用铁件。建筑主体结构为清代构件。

23　大雄宝殿

24　大雄宝殿斗栱

25　大雄宝殿斗栱

26　大雄宝殿局部

27　大雄宝殿梁架

28　大雄宝殿梁架

29　大雄宝殿梁架

30　大雄宝殿匾额

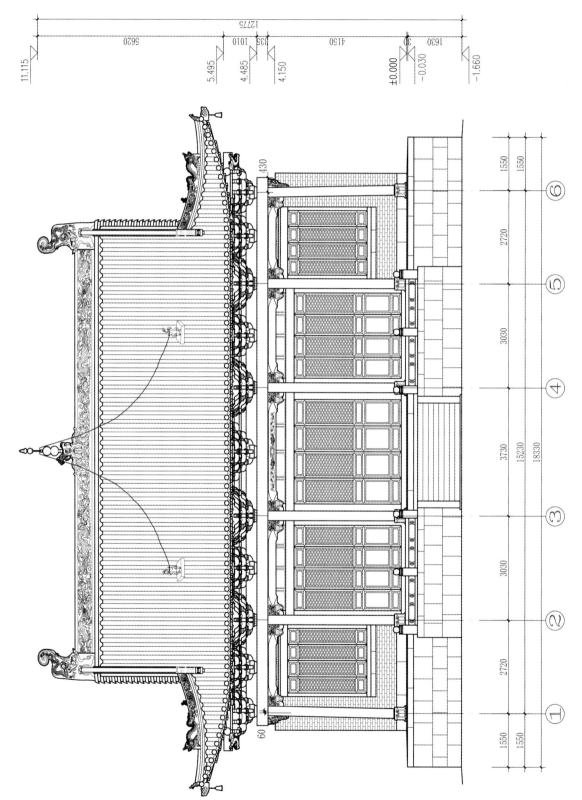

31　过殿正立面图资料

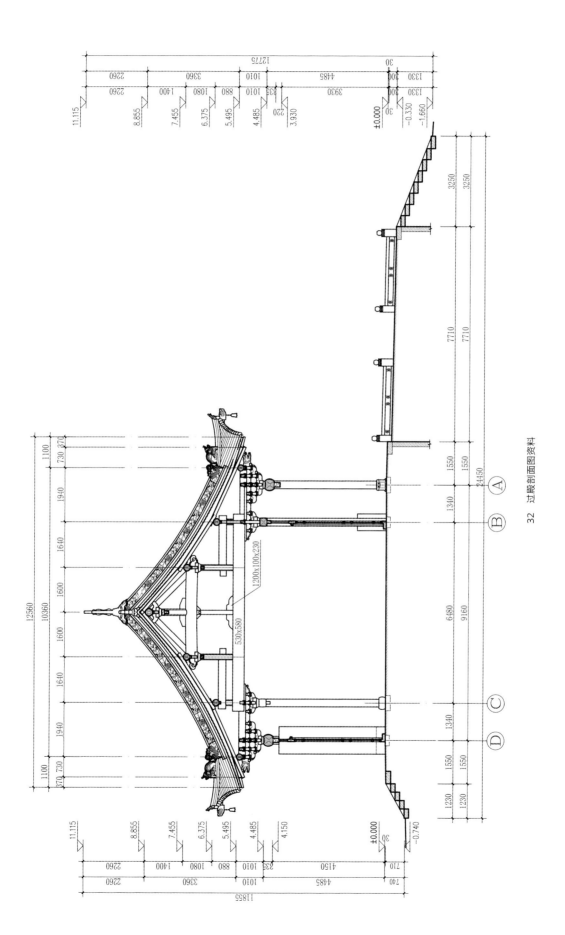

32 过殿剖面图图资料

（七）石佛殿

　　位于寺院最北端第三进院落，坐北朝南，面阔三间，进深一椽，单檐硬山顶建筑。青灰筒板瓦屋面，琉璃脊饰、吻兽、剪边。后墙上砌筑佛龛一座，砂石质地，龛内雕刻一佛二弟子二菩萨浮雕，应为隋唐作品。其上匾额刻"开甘露门"四字，下为砖砌束腰、基座。

33　石佛殿

34　石佛殿内石刻

35　铁钟

（八）琉璃影壁

琉璃影壁位于大雄宝殿东西两侧，坐北朝南，单檐硬山顶。影壁正面由基座、束腰、壁心、墙身、斗栱、叠檐等组成。

（九）一进院东西廊房

一进院东西廊房面阔十一间，进深五椽，前插廊，单檐悬山顶。单体建筑面积170平方米。

前台明条石压沿，台基为条砖铺墁。柱子均为方形石柱，柱间施平板枋、额枋和雀替。梁架为五架梁，上施瓜柱承托三架梁，前插廊。墙体为条砖砌筑，坎墙和窗台为青砖砌筑，以土坯背里。山墙高度直达脊檩，后墙高度至檐椽底皮。门窗为拱券式，门为小板门各两扇。屋面青灰筒板瓦覆盖，两侧叠压筒瓦各两垄。屋面顶正脊为灰陶花脊，有琉璃大吻和脊刹。檐下廊部的木构均彩画。

（十）二进院东西廊房

二进院东西廊房面阔七间，进深五椽，单檐悬山顶。建筑面积332.50平方米。

台基石砌，前台明条石压沿。柱子为方形石柱，梁架为五架梁通搭前后，通檐用三柱，前插廊。五架梁上施瓜柱承托三架梁。墙体为条砖砌筑，外包青砖以土坯背里。山墙高度直达脊檩，后墙高度至檐椽底皮。

屋面青灰筒板瓦覆盖，两侧叠压筒瓦各两垄。前后坡仅施木质圆椽，前后均不采飞。屋面顶部正脊为灰陶花脊，琉璃大吻和脊刹。檐下廊部的木构均彩画。

36　一进院东廊房

37　二进院东廊房

三、价值特色

（一）总体价值

崇安寺是晋东南地区早期寺庙建筑的杰出代表，是研究晋东南地区佛教文化、建筑发展历史和建筑文化传统的重要实例。寺院始建年代久远，建筑规模宏大，格局富于古韵，殿宇气势恢宏且具有地方特色，彩画装饰精美，具有极高的历史、科学和艺术价值。

寺内西插花楼据推测始建于宋代，虽然在后世经过修缮，但其建筑形态、构造做法仍表现出明显的元代建筑风格，是研究中国古建筑样式的重要实例，寺内还保存有唐、宋、金、明、清历代的碑刻题记十余处，对于研究地方历史、宗教文化发展具有极高的历史价值。

崇安寺是陵川县城内一处全国重点文物保护单位，是陵川县古建文化旅游的核心人文资源，是县城历史景观的核心构成要素，也是县城内市民休闲生活的重要场所。

（二）历史价值

1.崇安寺历史悠久，至迟在唐代已经建立，寺院布局和建筑形态表现出早期佛寺的特征，是研究山西地区佛教建筑发展的重要实物。

2.崇安寺内西插花楼的建筑形态、构造做法、彩画表现出金元早期建筑的特征，为早期楼阁式建筑遗存。山门始建于北宋时期，其建筑形态具有明显的明代建筑特征，为晋东南地区楼阁式山门建筑的重要实例，两者具有很高的研究价值。

3.崇安寺内保存有唐、宋、金、明、清等不同历史时期的碑刻题记，记载了寺庙自身的发展历程，具有较高的史料价值，同时也是研究陵川县县城格局历史变迁的重要依据。

（三）艺术价值

1.崇安寺的建筑格局和西插花楼等文物建筑，反映出我国早期佛寺建筑的风格特征、审美情趣，以及晋东南地区的建筑艺术特点。

2.崇安寺的建筑彩画和石刻造像，色彩鲜艳，造型活泼，显示出晋东南地方文化特色。

（四）科学价值

崇安寺西插花楼和山门的建筑结构巧妙，独具匠心，分别展示出元代和明代建筑的构造特征，是研究晋东南地区早期建筑样式的重要实例。

（五）社会价值

1.崇安寺是陵川民众进行日常休闲生活的重要场所。

2. 崇安寺作为全国重点文物保护单位，是陵川县古建文化旅游最为核心的人文资源，与周边众多的文化遗产、自然风景区以及蓬勃兴起的"康养+"主题的度假小镇、村，形成了多种差异极强的旅游资源，是陵川文旅融合发展的重要内容。

四、文献撷英

金贞元甲戌年《崇安寺诗碑》
每向蓝宫谒□□，
肯开青眼须□□。
始知深晓空门者，
穷达相看亦一如。
自时扰攘略无定居，每来寄食精舍。蒙智原、智远二大师勤意，殊不少襄，聊题鄙句以□壁，未知何日碧纱幪也。
时己酉仲秋晦前三日东岗居士书
贞元甲戌岁中秋日前住持崇安寺僧清演立石
禅林僧书 仝者刊

清道光十一年《过崇安寺石勒墓》
过崇安寺石勒墓
中原方逐鹿，浩气压群雄。
莫道偏安小，应知霸业隆。
并驱言磔落，长啸志无穷。
凭吊崇安寺，英魂化白虹。
壬申冬陵川令韩钧

奉和前韵
今日慈玉寺，千秋霸王坟。
英雄消宿□，钟声彻云空。
一阁千峰遠，孤城万户分。
苍茫□险处，携剑对余曛。

昆山吕熊
右诗旧题殿壁，字方五十余，书法道劲，惜土壁不无剥触，道光乙丑重修佛殿，咸□前人名作不忍湮没，因用分书，寿之贞珉，仍嵌于壁，庶古迹可□长留云。
邑副榜张耋志并书
时道光十一季岁次辛卯五月

住持僧会司普习暨□□勒石

玉工段建

宋庆历六年《新修崇安寺三门碑》

新修崇安寺三门碑

原夫三十二天，比如来之半寿；九百万岁，当元始之初年。视诸国于指掌之中，统群生于毫毛之内。渊崇济苦，咸彰般若之船；义复斯宄，具葳智慧之网。行千善以无亏，化三归而有则。重义于胎卵湿化，我则尚腆乎洪休；发象于动植存亡，我则懿彰乎景福。足以见导化无方，体象经纬，究天地始终，三品之劫者，其惟大觉世尊乎！由是万类咸归，众生是托。或肖像以庄严，或精蓝而是建。良因为住世之原，善果作往生之式。来祥叶庆，何莫由斯。今我佛抚御天官，溥临月殿。三车之教爰兴，九道之生是毓。运以无穷，生而勿有。炫为郭之玉树，明助日之金莲。阐化乎如掌之地，设教乎通身之天。斯则觉苦断尽，行道解空。星宿为之乎我室，道法礼之乎国经。矧乃依拉而行，不失其土者，盖法身之佛焉。是以教化无外，身居有中，体千变无极之形，统万殊不同之象。禀国章于奈苑，诱掖浮生；执仪律于花宫，劝其流俗。无垢无净，不灭不生；妙相之容是奉，正觉之法不逾。惚茫兮于宝净之园，咸敷异教；执惠炬于招提之室，尚馨殊文。曷若我用戒之心是葳，以法之道爰求。式彰不宰之功，我乃牢笼乎九有；具阐大乘之教，我乃度脱乎三途。生则有常，变而无极。当化流于中厦，普洽隆平，乃西方多宝之佛焉。是以状若于三界之中，洗心于五静之内。道法自然，视焉且无。向真俄同于入定，修静犹显于戒珠。尔乃福不唐捐，断言有则。金绳分界道之规，宝树露庄严之饰。乘大象于四天，化其品类；发妙言于十善，戒之殊心。苦空贪著，无德而逾。状愚蒙有漏之身，超清净无量之劫。盂中生七寸之粒，我乃化育于众生；桑门杜四过之缄，我乃护持于禁戒。于以见律仪受奉，定惠方持。端正之心尚炫，状邪之义咸修。施则无党无偏，化则有伦有要。设百法于鸡园之会，良由乎感而遂通；屏六尘于鹿苑之宫，是之乎昭其度也。由是救脱众，诱说群迷。珂玻袖衣兮，体化自然；琉璃地道兮，于时有则。若乃五蕴皆空，四分是务。牢度乎四维上下，诱化乎南北西东。不行而至，宣正法于十方；用醐而明，何徽昧于诸土。为万物混成之宗，作三才立极之本。不有而有，自然而然。化之则背伪向真，行之则从无入有。斯则八鸿戡定，十地大同。三世之缘茂立，七宝之地爰陈。鳏寡茕孤，允钦于释教；幽阴侧陋，悉负于明恩。斯乃肇启元化，遐敷宝阴。化之于太极之前，教之于先天之上。斯所谓荫济新灵，阐扬圣德。施之于有象之中，异之于无名之域。开阐乎一乘之法，广度乎万类之生。亦犹天秉纪纲，尚显无私之复；君垂睿化，咸彰不紊之条。大去荡荡，无幽弗达。十宝之山是尚，七珍之宅爰分。黄金白银，为我乎日月；琉璃水精，作我乎城郭。美矣哉！惟陵迁谷变，我则彰法教以惟新；任日月往来，我则谅明灵而不泯。所谓斯言晋甸，盖净土之依凭也。由是国家致钦于仁祠，偏祭于龙宫者哉！乃捍患谢灾，为黎元致祷之地也。汉明梦睹金人，义传异域；楚后谅英于宝室，道假微言。由是稽诸典教，不可殚论。余则太行自镇于北基，漫泽实彰于东界。境属乎陵川，地连乎晋野。卜吉地于卧龙岗上，纤尘四绝，特建福庆之院焉。由是盍石回镇于金方，烟霞互映；陵阜亘耸于火位，郭郭俄临。初已宋圣，尊临宝位，宣教连宫。皇驭回布于人寰，睿泽咸敷于释教。足以见我后洞启圣心于兹是周已。太平兴国三岁姑洗月，改赐敕额，曰之崇安，盖取崇高安宁之意也。仍以郭下居人马通等，率暨乡民，聚拘邑子。斯乃创制乎三门焉。然后揆日裁基，功程藏事。莫不芬撩攒空，栾栌峥嵘。丹楹刻桷，因之而鳞次；藻井雕甍，由是乎翼舒。瓦陶虞帝，码炼娲皇。经始不日，于言□工。今我佛体天行道，御下垂休。无远弗届兮，荡荡之名；有功必报兮，明明之德。同流广运，休受化以无穷；普洽妙音，度含灵而有格。福降时万，恩垂且千。礼之天也，行乎广复；体之地也，法乎厚载。肃降阴灵，民于仁寿。尔以标记群经，著乎芳策：今则择龙岗之阳，控县城之北。秦城发发已临其后，太行巍巍彪镇于前。其西也，三山望以崇崇；其东也，四关交而嵯峨。于时之景，彰花木以怡神。度岁之中，睹烟霞而在目。今遇国家恢张象法，开设莲□，□□教以齐兴，遇百纲而必举。于政之除，惟斯是念。骧自冠岁，取仕东堂，退耕南庙。才无宿构之称，事有道闻主义。强构荒词，聊书实事。盖真记月，敢曲炫于文华。载揆庸虚，伏增悚惕。后之览者，罔致谓焉。

时大宋庆历六年丙戌岁

都维那马化隆院主僧悟能 供养主僧悟诚

典座僧悟安 尚座僧法正

奉宁军节度推官丞奉郎试大理评事知称县事江

将仕郎守潞州潞城县主簿权县事郝世昌

将士郎守县尉权主簿王可久

乡贡进士马骧撰并篆额

学究马世昌书

清乾隆三十四年《重修崇安寺禁约序》

重修崇安寺禁约序

崇安寺，邑之大观也。故老亦名古凌烟寺，与邑之八景并传。尝历览唐、宋、金、元间故事，斯寺有兴废，而邑中人文之兴衰视焉，则斯寺之所系诚巨矣哉！明万历间，邑孝廉韩公有感于斯，兴修十余年，大端仅举，而公已遐逝。然规模壮阔，地灵人杰，延至国初，甲科迭起，而登仕版者，亦踪相接也。继自今百五六十年矣，楼阁颓环，殿宇苍凉，所在居人，亦遂不及古昔远甚。□来于斯者，□唏嘘叹息，谓无复修整日。邑贤侯施公多所作兴，而工程造大，从事诸君子惟欲平其楼阁，补葺殿宇，以蔽风雨为事。丙戌夏，余自都旋里，违众议，而独任其咎。整修当阳殿□□东西南楼，又创钟鼓二楼。其余补修外，复增建群房九十余间，寺前大台一座，再南春秋阁一座。邑贤侯王公又相继鼓舞，共成善果。斯役也，经始乾隆三十□年春，越□□□□□月告竣。襄□经理者，马君试麟、曹君澜、张君士洪、韩君方懋、马君纯英等募金，任劳任怨不懈。故较之前人，事半而功倍焉。余因之有感矣。陵距太行之巅，突中一窝，□□□月□□□□而来，斯寺是为地脉结穴之区，邑中兴盛之所由基。讵□崇饰华美，为一邑巨观已哉。继起者倘念缔造维艰，而珍□保护，后之视今亦犹今之视昔，则斯寺可以常新，而人文之□□亦历久不衰矣。因胪其禁约而列于左。

——禁寄放破、坏箱柜以及砖瓦木石等物；

——禁寄放材板及禾稼、麻草等物；

——禁拴系牲口以及畜□致伤树木；

——禁做木石物料、油漆家伙坏墙宇砖石；

——禁寺后面左右不得寄存棺柩；

——禁石台左右堆积粪致污台基；

——禁社内桌椅碗盏裙褥等物私自借用；

——禁寺内外不许放枪至瓦脊；

——禁容留游食僧道面目可憎之徒。

以上诸条，违者罚银一两，住持徇隐倍罚。

清乾隆三十四年九月望日

总理库务韩方懋、马纯英、张□洪等

住持僧照亮等□□石

邑举人乐天□士武敦敬撰

清乾隆三十八年《鼓楼施地记》

鼓楼施地记

崇安寺，邑之大观也，钟鼓二楼左右对耸居两翼。然而西之鼓楼限于旧□，较隘于东，无以雄并峙之观。庠生□曹公澜等当度地纠工，时逐同族人议于家庙，施祀田一分五厘，而两楼之高敞宏阔规模斯无少异焉。虽为地无多，而救偏补缺，壮亿万之瞻仰，快四众之风怀，又乌可以不志也？是为记。

乾隆三十八年五月吉旦维首住持□石

清道光十一年《重修崇安寺碑记》

重修崇安寺碑记

崇安寺，不详其创始。邑《志》载，在县西隅卧龙岗上。唐初名丈八佛寺，宋太平兴国元年，赐今额。又载，门之左有后赵石勒墓，尝读郝文忠公"夜葬深山人不见，至今又有守坟僧"诗，并按古陵楼之名，似建于葬后，在隋来该县以前。然《志》既缺之，则缺之可已。又尝曾征旧碑文，得明天启邑孝廉李莘秀记，国朝乾隆三十四年王令笃祜铭，及邑孝廉武敦小记勒于壁间，仅存之石刻，盖欲保残守缺，留贻后人者。记则标举三乘，铭则规抚六朝。皆勤宣妙义，宏演宗风，以觉世而导迷，是诚现宰官身说法者矣。余不敏，不通禅理，其又奚言，无已则有一焉。愿为陵之人告曰："事佛求福，昔人所非。今之像设遍天下，琳宫绛宇，庄严相望。缁流梵修，蚩氓礼拜，昕夕无间，而求而获者卒未有闻。即间有一人一事，诡异相传，诧为灵应，宏深广大之愿。力止如是，与今夫枭之取影也，存乎表之，曲直而响之，应叩也，视乎器之。洪纤佛氏福由利益之说，虽至浅陋，本与作善降吉害盈福谦修吉悖凶之旨不异，持所以求之者有不同耳。"兹寺历千有余岁。陵之人崇饰而虔奉之，世世勿替，非有祠宫秘祝之为也，而邑则伊古，无兵灾、盗贼、旱涝、疠疫诸大灾害。际今重熙累洽之世，寒暑节，风雨时，境壤数安，风俗淳朴。士业励诗书，农田勤耕获，耆老击壤而讴歌，□稚含哺以嬉戏，以偕游于浩荡之天，共登乎仁寿之宇者，不必佛之为也。且余莅陵三载，日骛于簿书期会之间，于抚字训，故自愧未能。而年谷丰，狱讼稀，简陵之人乃能少。余之拙以免，余于咎戾则危之，正受其福者，尤余听受也，夫岂求而获，又岂不求而获也哉！寺之重修屡矣。今兹继王前令后，已逾周甲。始工于道光七年十月，时强前令上林，以劳民伤财为兢兢，盖谓鲁莽，而种者鲁莽而报，而非谓兹后之可以已也，迄工于本年十月，勿废前规，勿侈后观，邑咸和会，以落缺成。凡用材八千有奇，工二万二千九百有奇。绅士之董事劝捐者，为举人宁卫卿，贡生付绍周、杨燧、王汝楫、武凤三、张耆、都九畴、李荆楚、焦建堂、徐辑西、张全西。职工曹雄忠、李思建、曹举周、娄世贵。乡饮介宾：宁复初、马光第、武傅文、王恒裕、武心尧、武襄、宁敬真、焦经邦、马树基、乘晋书。国学生：牛复山、马骐、焦永祯、刘品纶、马环之、李滋荣。生员；王肇棠、曹知诚、李屿、李瑾、张云路、李珙、王煜先、曹增田、王如周、马白温、彭述民、徐佀、曹恕、王昌宇、娄宗麟、都通经、李秉直、王之羽、段添金、韩敬祉、李耀华、孙呈端、赵有德、刘万保。

例得备书，捐资者为绅民德裕堂等一千九百八十四户，亦例得书于阴，以垂永久，俾勿□创始之无者焉，是为记。

敕授文林郎前充景山官学教习知陵川县事加三级记录十次浙江山阴谢照谨撰

郡优廪膳生邑人娄仲选薰沐敬书

清道光十一年十月

道光二十一年《重修崇安寺小记》

重修崇安寺小记

寺自乾隆三十四年重修，前令全椒王公为之记，距今逾周甲矣。上雨旁风，殿宇剥触，而工程浩大，未易猝办也。岁戊子，东楼一角倾圮，僧普习邀请社首谋所以新之者。时前令溧阳强公，谆谆以劳民伤财为虑，而同事者勉出赀力，复括商民而劝捐焉。工未敢□也，用未敢侈也。阅四载而始告竣。重修大雄殿五楹，殿后新筑一龛以妥石佛。东西禅房十四楹，规模视前稍异，皆焕然一新，非复向之额败者比矣。其他勤垣墉、易栋梁、甃砖甓、施黝垩，无不完缮。邑候□慰为志其巅，求其□赀之所入□。予之所出，用财若干，役若干，与夫督工、绅耆商民捐输者之姓名例得备书，已勒诸贞珉矣。余厅异自兴工迄卒业，收获丰盈，民物恬熙，俾得输其财，效其力，民底于有，或安知非佛力之庇佑欤。继自今雨旸时若，人寿年丰，祈福受□者遍一邑焉！其功德讵有量耶！爰为小记以镌于壁云。

邑举人宁卫卿敬撰

道光廿一年岁次辛卯菊月望日立石

史籍文献

1.（金）李俊民、僧圆胜:《崇安寺重修三门上梁文》,载《庄靖集》卷十,旧钞本。

2.（清）张九钺:《崇安寺六朝松记》,载《紫砚山人全集》文集卷九,清咸丰元年张氏赐锦楼刻本。

现代研究论文目录

贺从容:《山西陵川崇安寺的建筑遗存与寺院格局》,《中国建筑史论汇刊》第六辑,中国建筑工业出版社,2012 年。

北马玉皇庙 / *BEIMA YUHUANGMIAO*

一、遗产概况

北马玉皇庙（本地称仁里馆）坐落于陵川县城西南 15 公里处的附城镇北马村。

北马玉皇庙坐北朝南，一进院落，南北长 33 米，东西宽 26 米，占地面积 859 平方米。中轴线上原有山门、舞楼，20 世纪 60 年代拆除，改建为坐北朝南的二层小楼，中间留门，作为玉皇庙出入口。现仅存正殿、两侧耳房和东西廊房。

玉皇庙始建年代未见明确记载。明万历年间重修三门舞楼及行廊，明万历三十三年（1605）重修正殿。其正殿是陵川现存平面形制最大、斗栱出跳最多的早期建筑。

2013 年 3 月 5 日被国务院公布为第七批全国重点文物保护单位。

二、建筑特点

（一）正殿

正殿石砌须弥座台基，面阔五间，进深六椽，单檐悬山顶。共用柱 12 根。面阔均 3.10 米，通面阔 15.50 米，通进深 7.375 米，平面呈长方形。南北飞椽距 12.06 米，东西博风距 17.86 米。建筑面积 114.32 平方米，占地面积 194.30 平方米。殿内北墙前原有神台，台上原有神像五尊及小木作罩隔。

01 北马玉皇庙全景

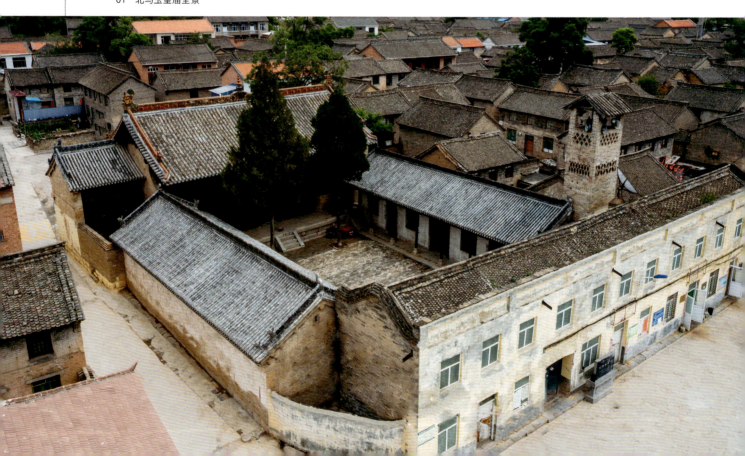

正殿梁架为通檐六椽，用二柱构造。六椽前端与前檐柱头七铺作连构承前檐槫，下贴普拍枋，立檐柱顶撑，阑额插入其中。后尾与后檐槫连构，下设四铺作贴普拍枋立后檐柱，阑额插入其中。

六椽栿上施金蜀柱二根。蜀柱承襻间铺作，相交平梁，顶承上平槫。蜀柱下部出劄牵分别与前后檐下平槫及襻间铺作连构。劄牵端部均施托脚捧戗下平槫。

平梁中段施蜀柱，蜀柱头与脊槫间施两材襻间斗栱，并用丁华抹颏栱、叉手捧戗于正心枋及脊槫之间。平梁端部施托脚捧戗上平槫。

正殿举架：脊部步架 1.60 米，脊举高 1.115 米，7.0 举。金部步架 1.40 米，举高 0.685 米，4.9 举。檐部步架 1.55 米，举高 0.60 米，3.9 举。两山出际 1.18 米。

正殿前后檐均有铺作 6 朵。铺作材宽 12 厘米，单材高 18 厘米，足材高 25 厘米，相当于《法式》规定的第六等材。

前檐柱头铺作：外转七铺作单杪三下昂计心造，耍头亦做下昂状，里转三跳六铺作三杪计心造。

后檐柱头铺作：外转四铺作单下昂，里转一跳四铺作。

墙体青砖砌筑。屋面椽子为乱搭头结构形制。椽出檐 120 厘米，总出 176 厘米。正通脊为琉璃构件，其上装饰龙、凤、写生花草纹。脊中设神龛，北面存"万历三十三年"题铭。

在陵川县保留的大量早期木结构建筑遗存中，附城镇北马村玉皇庙因其始建木构设计手法独特而具有突出的科学价值，尤其是大殿所采用的单杪三下昂七铺作斗栱更是现存木结构中的特有的早期实例。

02　正殿

03　正殿前檐

04　正殿梁架

05　正殿梁架

06　正殿梁架

07　正殿铺作

08 正殿正吻

09 正殿脊刹

10 正殿转角铺作

11 正殿转角铺作

12 正殿台明局部

13 正殿台明局部

14 台基角兽

15 正殿台明局部

16 廊房柱础

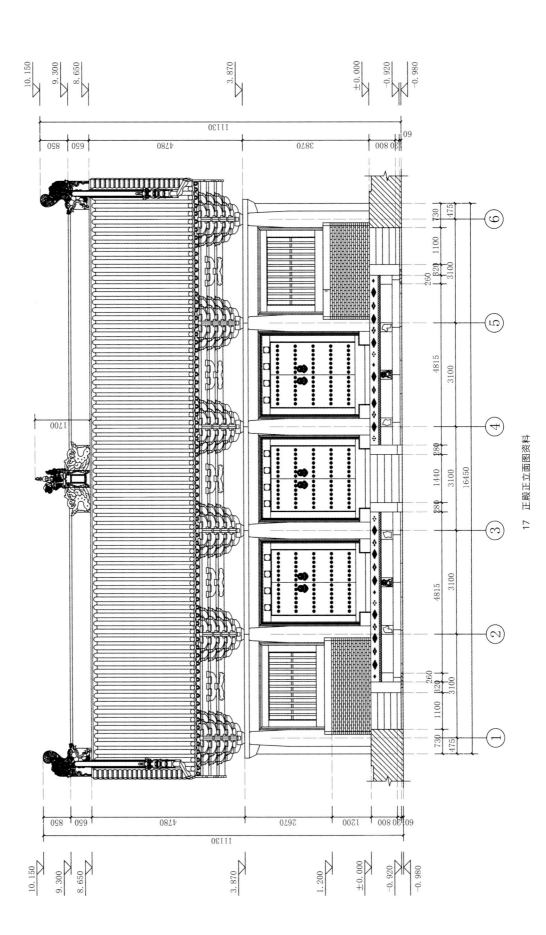

17　正殿正立面图资料

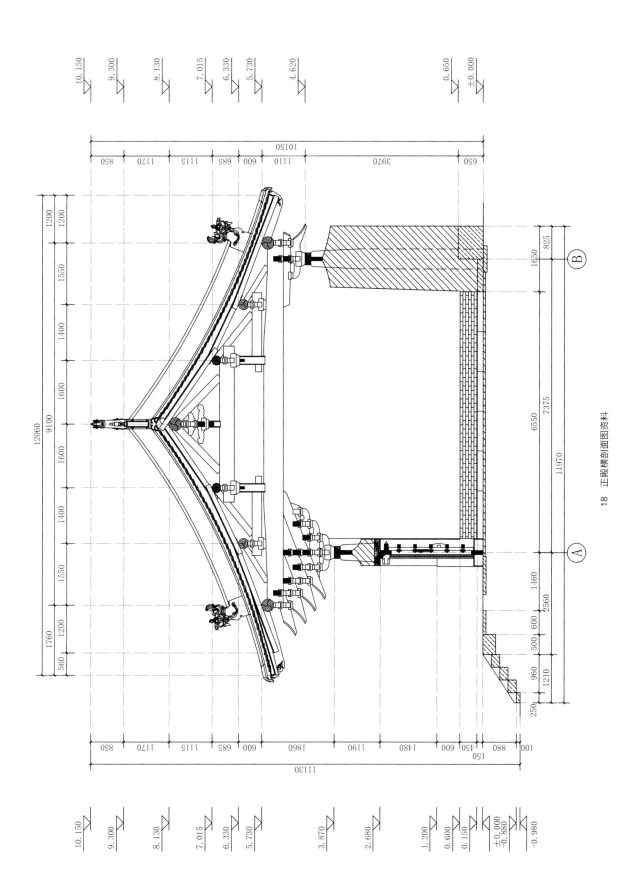

18 正殿横剖面图资料

北马玉皇庙

（二）东西耳房

西耳房位于正殿西，面阔三间，进深两间，二层单檐硬山顶，前廊式结构。西耳房明间宽 1.54 米，西次间宽 1.59 米，东次间宽 1.415 米，通面阔 4.54 米，进深 4.68 米。南北檐椽距 5.98 米，东西博风距 4.88 米。建筑面积 21.28 平方米，占地面积 26.12 平方米。

西耳房梁架为通檐五架梁，用三柱构造。

西耳房梁架结构为：五架梁头与前檐檩和前檐大斗连构，下贴平板枋，立前檐柱，额枋插入其中连构。五架梁后尾插入后檐墙体并与后檐檩连构，下立后檐柱顶撑。五架梁上立双金瓜柱顶撑平梁，三架梁与前后檐金檩连构，上施脊瓜柱顶承脊檩，上出穿间枋。

西耳房举架：脊部步架 1.15 米，脊举高 0.63 米，5.5 举。檐部步架 1.19 米，举高 0.60 米，5.0 举。两山出际 0.33 米。

墙体青砖砌筑，屋面椽子为乱搭头结构形制，椽出檐 65 厘米。东耳房维修前屋面坍塌，局部被后人改制。2019—2020 年维修时，按西耳房形制恢复。

 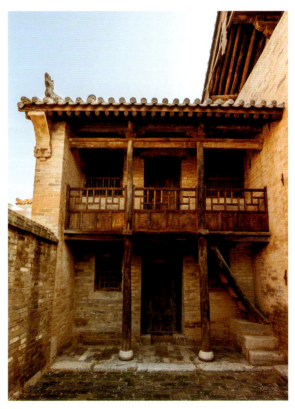

19　东耳房　　　　　　　　　　　　　　　　　　　20　西耳房

（三）东西廊房

东西廊房位于院落东西两侧，面阔七间，进深四椽，单檐硬山顶，前廊式结构。

东西廊房的明间、次间与梢间均宽 2.55 米，通面阔 17.61 米，通进深 5.31 米。东西檐椽距 6.75 米，南北博风距 17.98 米。建筑面积 93.51 平方米，占地面积 113.51 平方米。

东西廊房梁架结构为通檐五架梁，用二柱构造。五架梁插入前后檐墙体并与前后檐檩连构，下立檐柱顶撑。五架梁上立双金瓜柱顶撑平梁，平梁上交金檩，金瓜柱上出穿间枋纵向连构。平梁上施脊瓜柱顶承丁华抹颏栱和脊檩，上出穿间枋，瓜柱设叉手承戗。

东西廊房举架：脊部步架 1.36 米，脊举高 0.65 米，4.8 举。檐部步架 1.295 米，举高 0.48 米，3.7 举，两山出际 0.335 米。

墙体青砖砌筑，屋面椽子为乱搭头结构形制。椽出檐 72 厘米。

（四）山门

据遗留相片显示，原山门 7 间，中间三间，两边配房各两间，两边高，中间低。配房为两层，山门一层半，内有倒座戏楼，整个山门气势恢宏，系明万历二十一年（1953）重修。20 世纪 60 年代将山门和舞楼拆除，原址上改修为现在的小二层门面商铺楼，中留简易山门，并在商铺楼东边修起了五层高的广播楼。

21　西廊房

北马玉皇庙

三、价值特色

（一）历史价值

该建筑的后代历史演变线索较清晰，且近代人为扰动痕迹尚可确认，可以就此建立各类建筑工艺的历史参照系，有利于结合周边地区早期古建筑遗存和演变，总结出陵川乃至晋东南地区建筑工艺、结构设计特点及其交流与传布，是晋东南地区早期建筑中一处典型而又独特的实例，具有很高的历史价值。

（二）艺术价值

正殿所采用的单杪三下昂七铺作仅施于前檐柱头铺作，后檐减为四铺作，而这里的七铺作采用三件假下昂和一件昂形耍头。台明为须弥座形式，较为罕见，且石座上刻有很多栩栩如生的力士，艺术价值较高。

（三）科学价值

1. 北马玉皇庙正殿是陵川县早期建筑中罕见的一处面阔五间的建筑，其举折平缓的屋面、简洁严谨的梁架结构、用材较大的斗栱，为研究中国早期古建筑提供了充分的依据，具有极高的科学价值。

2. 北马村玉皇庙的建筑结构和建造工艺反映了金、明、清历史时期陵川县的建筑技术水平。正殿所用的单杪三下昂七铺作之类复杂几何关系组合的设计，对于揭示匠作发明创造、算法流派、传承流布具有深远意义。

四、文献撷英

碑存

玉皇庙山门走廊现存明万历三十三年（1605）重修石碑 1 块。但字迹模糊。

现代研究论文目录

1. 清华大学建筑学院刘畅、刘芸、李倩怡：《山西陵川北马村玉皇庙大殿之七铺作斗栱》，刊登在《中国建筑史论汇刊》第四辑（2011），对北马玉皇庙的单杪三下昂七铺作斗栱这个"特有实例"进行了阐述和研究，并以此判断正殿为金代遗构无疑。

2. 刘畅：《山西北马玉皇庙》，天津大学出版社，2016 年。

南召文庙 / NANZHAO WENMIAO

一、遗产概况

文庙，又被称作夫子庙、至圣庙、先师庙等，尤以"文庙"之名最为普遍，是用来祭祀先圣孔子、培养儒学人才的场所，大多建于州、府、县所在地。于太行山深处的偏僻小村建有文庙，实属罕见。

南召文庙位于晋城市陵川县城东北约10公里处的南召村北神坡山脚下，雄踞高台之上，正迎着进村大道。

据庙内大成殿维修题记推断，至迟元至大四年（1311）该庙宇就已经存在。据庙内存碑记载，明洪武二十二年（1389）、清道光四年（1824）重修，同治、光绪年间又多次维修。大成殿于明万历十六年（1588）至清康熙年间屡有重修；道光四年（1824）重修东西耳殿、十五年（1835）四月重修东西看楼。庙内《重修文庙碑记》记载光绪十四至十八年（1888—1892）对文

01　南召文庙全景

庙各建筑进行维修，其中舞楼为改修。20 世纪 50 年代南召文庙为学校占用，对各建筑有简单维修，并将 95% 的地面改为条砖地面，东西看楼一层与二层室内增砌隔墙作为教室使用，在庙外东侧修建厕所。80 年代，由南召村村委占用。2004 年 7 月 21 日被山西省人民政府公布为第四批省级文物保护单位，2013 年 3 月 5 日被国务院公布为第七批全国重点文物保护单位。2013 年 10 月山西省文物技术中心对南召文庙现存文物建筑进行了全面勘察与测量。2016 年修缮完工并通过验收。

二、建筑特点

南召文庙坐北朝南，一进院落，庙内为元至清代建筑，该庙南北 38.26 米，东西宽 23.52 米，地面积约 920 平方米，共有房舍 26 间。中轴线建（构）筑物有山门（舞楼）、大成殿，山门前两侧有影壁，戏台两侧建有东西妆楼、庙院两侧有东西看楼、大殿两侧建有东西耳殿。创建年代不详，现存正殿为元代遗构，其余建筑为明清风格。

02　院内全景

（一）大成殿

大成殿位于南召文庙中轴线的最北端，面阔五间，进深六椽，单檐不厦两头造前出廊式建筑。台明前当心间与梢间设踏道，前设方形月台，月台中间设踏道。该殿始建年代不详，从梁架结构分析为元代遗构，是陵川运用减柱造技术的古建筑之一，具有非常高的历史价值和科学价值。单檐悬山顶，筒板瓦屋面。檐下斗栱为四铺作出单昂，昂形要头，内转出单杪。梁架结构为前四椽栿对后乳栿，当心间通檐用三柱。当心间设后内柱两根，上端承托栌斗与大内额，大内额上承四铺作与四椽栿、乳栿后尾。四椽栿前端置替木与撩风槫，中间与后端施蜀柱三根，前端蜀柱承托前檐劄牵与下平槫，劄牵后尾插于中间蜀柱内，中间与后端蜀柱承托襻间斗栱与平梁，平梁两端置安上平槫，中间置蜀柱一根，承托脊部襻间斗栱、替木与脊槫，两侧叉手斜戗于脊槫底部。乳栿后尾置于后檐合楷之上，由墙体承重，尾端上承替木与后檐槫，中间置蜀柱一根，上承坐斗与后檐劄牵、替本以及后檐下平槫，劄牵后尾插于蜀柱内。脊部横向间设襻间枋，蜀柱为方形四边抹棱，横向间由顺身串连接。

03　正殿

该殿共用柱 10 根，其中前檐仍用柱四根为方形石柱，四角抹棱，柱底施平面呈方形的石柱础，柱底与副阶地面齐平；金柱共用四根为方形石柱，四角抹棱，柱底施平面呈方形的石柱础，柱底与殿内地面齐平；后檐内柱共用两根，为圆形木柱，内柱低于前檐柱，内柱柱头栌斗承接来自山面的大内额，故屋顶的重量大部分都承接在此二内柱之上，连接两内柱之内额在柱头之外出头形成较长的压跳。这两根柱子粗拙不直，一抱难围，相传左为荆木，右为沙棘。柱头做卷杀，柱底施圆形柱础石，柱底比殿内地面高 14 厘米。采用减柱造，内柱用材硕大，且柱身收分明显，卷刹显著，内柱上采用大内额用以减去次间内柱。其做法较之元代建筑非常相似。梁架大量采用自然弯材，广施梁间铺作，斗栱用材达 125 毫米，亦是早期建筑典型特征。虽前檐檐柱及阑额普拍枋、雀替有明显的明代特征，与元代风格迥异，且廊心地面低于室内地面 125 毫米，但分析碣文，应是明万历年间修缮所做改动。

大成殿前檐用铺作共 4 朵，均为柱头铺作，其形制为四铺作单下昂上出昂式耍头，里转单杪上出耍头后尾计心造，四椽栿前端压于耍头上部。其材宽与材高之比例较清代建筑材宽与材高之比例（10∶14 及 10∶20）稍大，与《营造法式》中斗栱宽高比例（10∶15 及 10∶21）接近。大成殿前檐采飞，后檐不采飞，椽错搭头造。

大成殿前廊东山墙有石碣，记述了文庙于明洪武年间曾揭修，历经二百余年后又于明万历年间修葺。

04 正殿梁架

05 正殿梁架

06 正殿前檐铺作

07 正殿前檐铺作

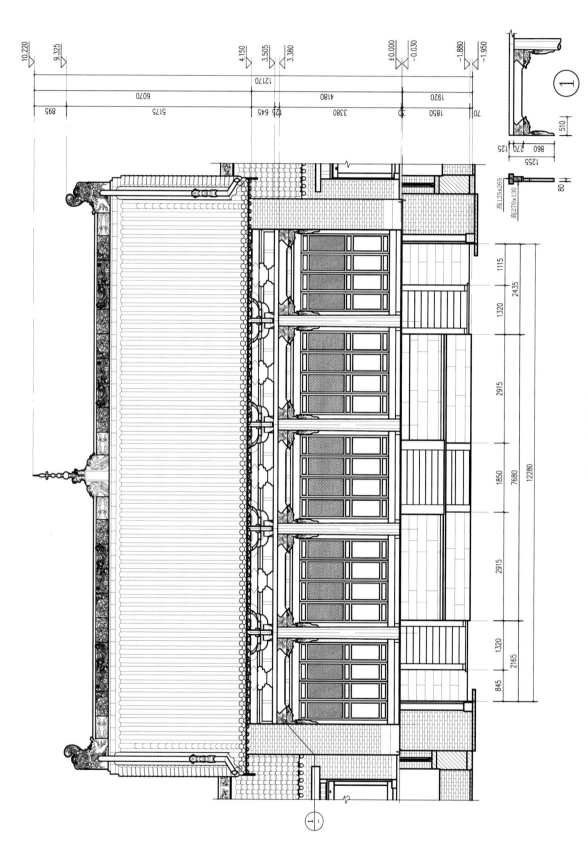

08 大成殿正立面图资料

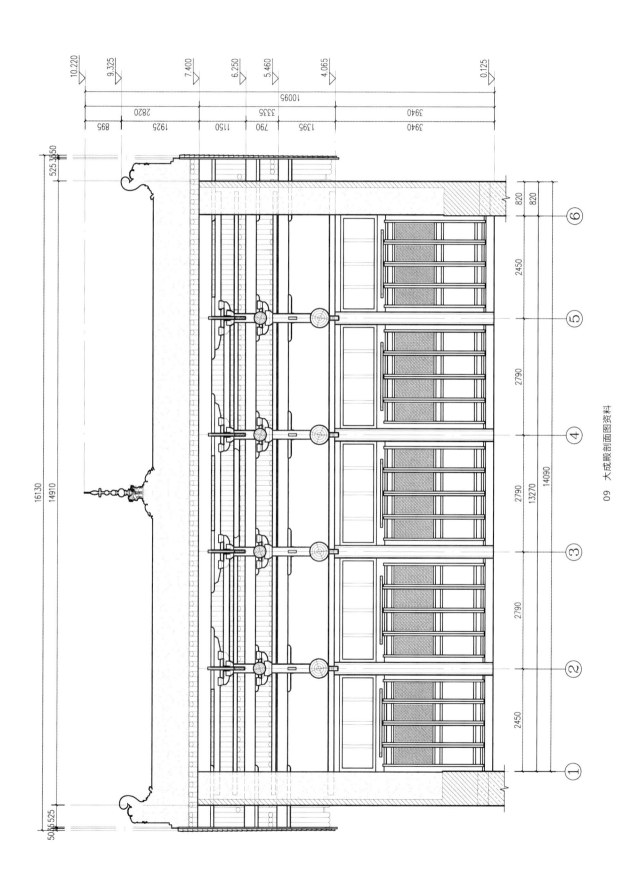

09 大成殿剖面图资料

（二）东西耳殿

耳殿位于文庙大成殿东西两侧，耳殿面阔两间，进深四椽，单檐五脊硬山顶。始建年代不详，为大清道光四年重修。东西耳殿前后檐不施柱，四面砌墙。梁架形式为五架梁通达前后，五架梁两端分别承前后檐随檩枋与前后檐檩，梁中施金瓜柱两根，承托三架梁，三架梁两端置随檩枋与金檩，三架梁中置脊瓜柱上承坐斗、丁华抹颏栱以及脊檩，瓜柱两侧由叉手斜戗。瓜柱横向间由襻间枋连接。所有瓜柱均为方形，四角抹边。

随檩枋有题记："大清道光四年，岁次甲申四月，甲午月庚戌日，合天开昔道，宜用亡时，上梁大吉……"

屋面为合瓦屋面。脊部设灰陶正脊，正脊两端安装正吻，前后檐安装垂脊、垂兽。山面为披水梢垄。檐部为灰陶勾头滴水收边。

10　东看楼

12　看楼砖雕墀头

11　西看楼

13　看楼砖雕墀头

（三）山门（舞楼）

舞楼位于文庙中轴线的最南端，面阔三间，进深五椽，单檐硬山顶，后檐出悬山抱厦。舞楼始建年代不详，庙内碑刻记载光绪十四年（1888）改修，舞楼二层脊部随檩枋题记："大清光绪十六年岁次庚巳年，择吉日于七月甲申二十日戊子吉时重修舞楼三间，天开黄道口柱上口大吉。"

舞楼一层南檐为文庙入口。山门与棂星门融为一体，明间与东西次间设板门，明间门楣书写"德配天地"，语出明代陈凤梧《孔子赞》；东次间门楣书写"登圣域"，西次间门楣书写"启贤关"；抱厦明间阑额为"凤龙拱替"木雕，凤在上，龙在下，下栱垫板雕"凤穿牡丹"；上栱垫板雕"男女裸婴"，女左男右；明间平身科斗栱装饰两凤两龙，两凤并列在内，两龙分列在外。板门底部与上部用厚2毫米、宽50毫米铁制包叶，中槛中间钉铁质门簪两枚，门簪后尾插入连楹出小铁簪。板门中间安装门钹。舞楼梁架一层为承重梁沿进深方向放置，前端交于北檐柱头，后端插于南檐墙内，其上搭置楞木，楞木上再铺钉楼板一层。内檐明间设隔扇门，开则为通道，闭则成为屏风。

舞楼二层为戏台。进深五椽，通檐用二柱，单檐硬山顶。其梁架形式为北檐柱头上施大额枋与阑额，额枋之上施一斗二升交六架梁头，梁头做麻叶形制。六架梁后尾檐梢由南檐墙墙体承重，六架梁中施瓜柱三根，用于承托前后檐单步梁以及三架梁两端，单步梁后尾交于瓜柱，单步梁头上分别承前檐下金檩与后檐檩，三架梁中置脊瓜柱上承坐斗、丁华抹颏栱以及脊檩，瓜柱两侧由叉手斜戗。瓜柱横向间由襻间枋连接，襻间枋与桁檩间在平身设荷叶墩。所有瓜柱均为方形，四角抹边。舞楼南檐抱厦进深一椽，为单檐悬山顶；梁架结构为柱头施大额枋与额枋，大额枋上设五踩柱头科斗栱；耍头后尾交于戏台南檐墙体内，耍头后尾上施瓜柱，用于承托脊部通替与脊檩；瓜柱南侧由叉手斜戗。舞楼北檐采飞，南檐不采飞。二层内檐设隔扇屏风，两侧为"出将""入相"门。门额雕刻二龙戏珠，西侧圆珠雕刻为古钱币"光绪通宝"正面，东侧为古钱币的背面写有满文。屏风前做四柱垂莲花罩，两侧分别雕刻琴棋书画，中间雕刻有算盘等，戏台额枋饰以精美的木雕。

舞楼抱厦檐部设五踩斗栱七攒，斗栱形制为五踩双翘上出耍头里转五踩双翘计心造，耍头后尾插于墙内。其中柱头科四攒，平身科三攒，平身科45度出斜栱，其材宽与材高之比例与清代建筑材宽与材高之比例相近。

15　舞楼

16　舞楼脊饰

17　舞楼挡板

（四）东西妆楼

位于舞楼东西两侧，坐南向北，面阔三间，进深四椽。五檩前上下出廊单檐硬山顶。妆楼一层与二层装修形制相同，明间均为板门装修，次间为方格直棂窗。其始建年代不详，现存梁架结构为清代风格。妆楼一层共用石柱2根，石柱形制为方形，四角抹棱，柱底施方形石柱础，柱底与前廊地面齐平；妆楼二层共用柱2根，为方形木柱，柱底置于一层承重梁头之上，柱头承托平板枋。妆楼梁架一层为承重梁，沿进深方向放置，前端置于檐柱柱头，后端插于南檐墙内，其上搭置楞木，楞木上再铺钉楼板。

妆楼二层进深四椽。其梁架形式为五架梁通达前后，五架梁两端分别承前后随檩枋与前后檐檩，梁中施瓜柱两根，承托三架梁，三架梁两端随檩枋与金檩，三架梁中置脊瓜柱上承坐斗、丁华抹颏栱以及脊檩，瓜柱两侧由叉手斜戗。瓜柱横向间由襻间枋连接。所有瓜柱均为方形，四角抹边。妆楼前后檐出不采飞，屋面为合瓦屋面，脊部设灰陶正脊，正脊两端安装正吻。

（五）东西看楼

东西看楼位于文庙中轴线东西两侧，面阔五间，进深四椽。五檩前上下出廊单檐硬山顶。其始建年代不详，现存建筑为清代建筑。西看楼明间随檩枋下题记记载："光绪十五年四月二十一日重修。"东看楼明间随檩枋下题记记载："光绪十四年七月十八日重修。"

看楼一层共用石柱4根，石柱形制为方形，四角抹棱，柱底施方形石柱础；柱底与前廊地面齐平；妆楼二层共用柱4根，石柱为方形，石柱四角抹棱，柱底置于一层承重梁头之上，柱头承托平板枋。梁架一层为承重梁沿进深方向放置，前端置于檐柱柱头，后端插于后檐墙内，其上搭置楞木，楞木上再铺钉楼板。

东西看楼二层进深四椽。其梁架形式为五架梁通达前后，五架梁两端分别承前后檐随檩枋与前后檐檩，梁中施瓜柱两根，承托三架梁，三架梁两端置随檩枋与金檩，三架梁中置脊瓜柱上承坐斗、丁华抹颏栱以及脊檩，瓜柱两侧由叉手斜戗。瓜柱横向间由襻间枋连接。所有瓜柱均为方形，四角抹边。前后檐出不采飞，屋面为合瓦屋面，脊部设灰陶正脊，正脊两端安装正吻，前后檐安装垂脊、垂兽。披水瓦梢垄。檐部为灰陶勾头滴水收边。

（六）影壁

影壁位于文庙舞楼南侧平台东西两侧，为青砖硬山影壁，两山为小红山做法。影壁面阔3.69米，墙身厚0.53米，总高3.21米。影壁正身为三副壁心，中间为砖雕壁心，东边为"鹿鸣呈祥"，西边为"麟吐玉书"，由于年久失修加之人为破坏，壁心雕刻破损严重，原砖雕图样已无法辨识，现为修缮后的替代品。两侧壁心现为素面方砖壁心，影壁边为撞头。影壁墙身与瓦顶之间做冰盘檐。

18 山门外影壁

19 山门外影壁

20　抱厦斗栱

21　抱厦斗栱

24　山门东次间匾额

25　山门西次间匾额

26　山门明间匾额

22　抱厦前檐栱垫板木雕

23　抱厦前檐栱垫板木雕

三、价值特色

（一）历史价值

南召文庙的历史沿革始源清晰，史载翔实，史证明确，史存完整，是研究孔子文化及文庙形制至为珍贵的史料。

（二）科学价值

南召文庙的建筑形制是全国孔庙的一种建造范式，历史悠久、影响深远，在中国古代建筑发展历程中，文庙建筑的梁架结构，规格制度，建筑工艺，是弥足珍贵的现存实例，具有重要的作用和意义，是中国古代建筑史研究方面的重要建筑实证；同时，对研究文庙等礼制建筑变迁具有重要意义。

（三）艺术价值

1. 南召文庙作为反映儒家文化的建筑群，章法严谨、形制成熟、布局规整，轴线对称，序列有致，是古代祠庙建筑的艺术精品。在大成殿下建月台与九级、五级石阶，在庙前平台下方置九级、五级石阶，给来访者以地势层层升高、空间层层递进的仰视感，彰显文庙主人赫赫神威，也暗喻孔子的学问车载斗量，深不可测。南召文庙的布局结构、建筑手段，均体现出浓厚传统礼制建筑的艺术特色。

2. 南召文庙恢宏大气，精雕细刻，处处体现了古代劳动人民的智慧和创造精神，其屋宇、石雕、砖雕、木雕、碑刻、彩绘件件都匠心独运，美轮美奂，活灵活现。

木雕。抱厦明间额枋为"凤龙拱替"木雕，下栱垫板雕"凤穿牡丹"，翩翩起舞；上栱垫板雕"男女裸婴"，西侧是一赤身男娃坐在荷叶中，两手各执一柄莲蓬，童真逗人，东侧是个女童，惜已丢失，现为修缮后的替补品；明间平身科斗栱装饰两凤两龙，两凤并列在内，两龙分列在外，生动逼真，惟妙惟肖。在戏台明间额枋上，雕饰着两只凤凰捧着一尊宝鼎（鼎是礼器，象征社稷），外围是两条回首对望的飞龙。戏台次间雀替、额枋雕《铁弓缘》《打渔杀家》《武松打虎》《秦琼卖马》四个戏剧故事场景。这些木雕运用了圆雕、透雕和浮雕等手法，工艺精美，造型独特，雕工精湛。

砖雕。山门和抱厦的两条正脊，砖雕繁丽，凤凰在中央尽情翔舞。2015年维修大成殿时，在后墙中发现一批木雕像，雕工精美，表情姿态各异，服饰华美精制，纹理流畅。塑像身份暂无鉴定，不能确定，其中部分疑似孔子及其弟子。

古树。庙门前，左右各植一棵古桧树，主干笔挺，树冠成笔头状。西边的粗圆，人称"大楷笔"；东边的稍尖，人称"小楷笔"，象征孔夫子的"圣人笔"。每棵桧树上的叶子都有两种，针形叶子和鳞形叶子集于一身，有硬有软，如人如字，刚柔相济。

四、文献撷英

庙内存碑5通，碣1方。

东看楼一层前廊《重修文庙碑记》

尝谓庙宇之立，所以尊神圣而维风化，贵整齐而不宜摧残也。即如南召村旧有文庙，创始未知。自有明以至国朝康熙年间屡有重修，碑记及至今时，墙裂垣颓，不堪入目。光绪十四年春，乡老咸集，各输家赀，公议改修。然全腋之裘，非一狐所能集；万间之厦，非一木所能支。谨修募引，邀村中之远游四方者，向善捐赀，由是兴工补葺。正殿与东西配房仍其旧，独戏楼系改修，以及村东蚨虹庙、村南牛王庙、村北药王庙一并补修。南北东西大路重新铺砌，诚一村之大观也。至十八年秋间，工程告竣。维社首等□观淫祀日盛，且有非所崇而崇之者。矧大圣人祖□尧舜，宪章文武。先圣人而圣者，非圣人以明；后圣人而圣者，非圣人无以法。所谓仪范百王，师表万世者也。于以捐赀重修，共襄盛事，使春秋之祈赛常新，宗社之规为不没，庶几有以慰圣灵欤。因镌于石，并旌善人，后之览者，亦将有感于斯文。

大清光绪十八年秋月吉日

大成殿前廊东山墙石碣

陵川县南召村为重修古庙记：自昔传遗文庙一座，创始未知，大明洪武二十二年岁次己巳揭盖，至今二百余年，庙貌颓岩，人心共愤，于万历十六年岁次戊子七月吉日兴工。

田庄全神庙 / *TIAN ZHUANG QUAN SHEN MIAO*

一、遗产概况

田庄全神庙位于陵川县附城镇北10公里处田庄村东北隅。

田庄全神庙创建年代不详。据正殿西山墙存碣记载，明万历三十九年（1611）重修。现存建筑正殿为元代风格，其他为明清遗物。

1996年10月陵川县人民政府公布全神庙为县级重点文物保护单位，2013年1月晋城市人民政府公布为市级重点文物保护单位，2016年6月山西省人民政府公布为省级重点文物保护单位，2019年10月7日被国务院公布为第八批全国重点文物保护单位。

01 田庄全神庙全景

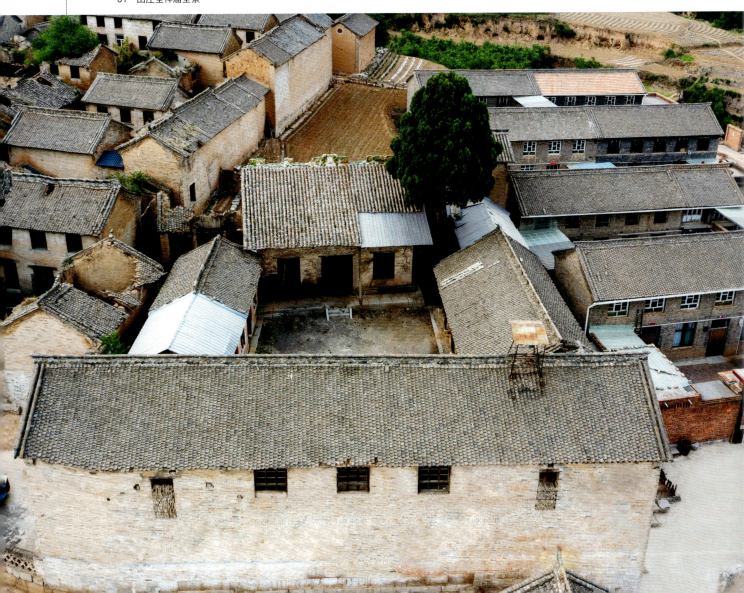

二、建筑特点

全神庙坐北朝南，现为一进院落，南北长 30.1 米，东西宽 18.2 米，占地面积 548 平方米。中轴线自南向北分布有舞楼（现已不存）、正殿。正殿两侧为朵殿，东朵殿东侧设钟楼。院落东西两侧设厢房，其中东厢房南北两侧设过廊、北耳房，院落西南侧设大门。

（一）正殿

正殿位于全神庙最北端，坐北面南，元代遗构。石砌台基，面阔三间，进深六椽，占地面积 110 平方米，单檐悬山顶屋面。

正殿台明前出 1.8 米，东出 0.54 米，台明高 0.5 米，台明方砖铺墁，压沿石收边。台帮面人工錾斜纹青石砌筑。台明前设青石垂带 2 条，踏垛 2 步。殿内地面方、条砖混墁。

正殿前檐斗栱五铺作双杪，琴面昂，补间隐刻斗栱。梁架结构为四椽栿压前乳栿，通檐用三柱。

正殿共用柱 12 根，廊柱四根，金柱四根，后檐柱四根。均为圆形木质柱，柱头卷刹，柱下设柱顶石。

02 正殿

陵

川

卷

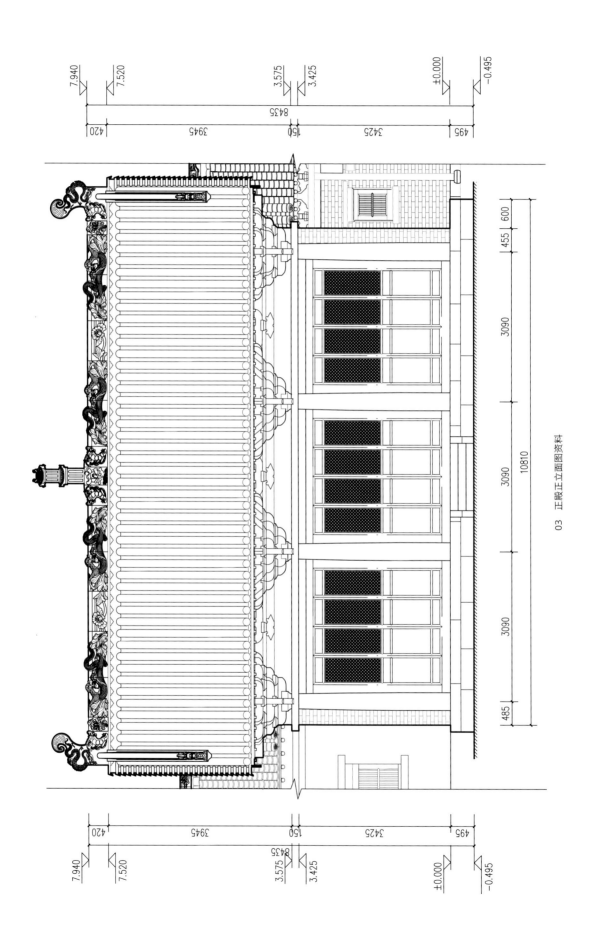

03　正殿正立面图资料

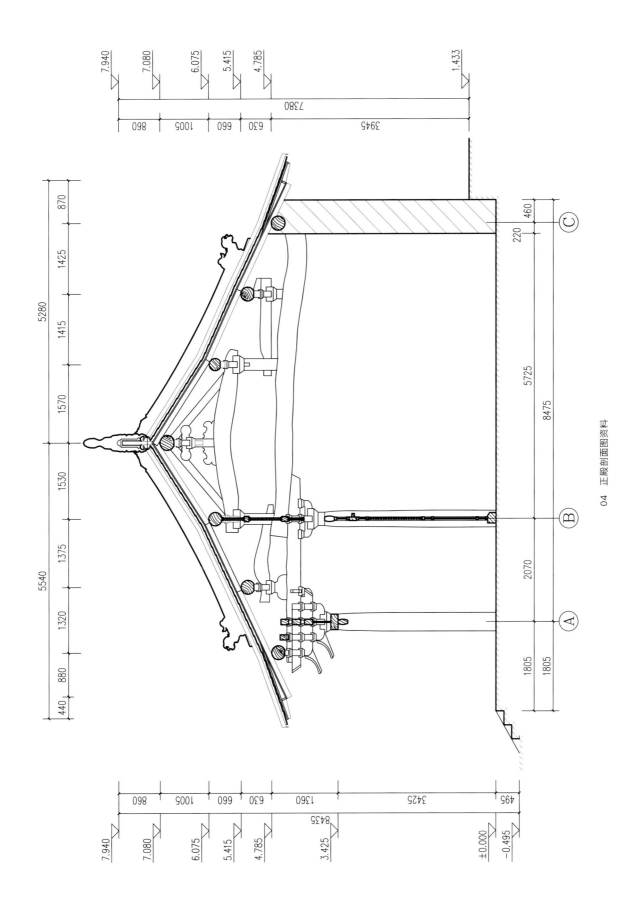

04　正殿剖面图资料

田庄全神庙

廊柱头设阑额，阑额上置普拍枋，与阑额呈"T"形，阑额普拍枋均出头。明间金柱上设普拍枋。

正殿前檐共施铺作4朵，明间柱头铺作2朵，次间柱头铺作2朵。

明间柱头铺作：五铺作重栱出双下昂里转五铺作重栱出两杪并计心。栌斗两侧泥道栱、泥道慢栱，瓜子栱、瓜子慢栱、令栱。栌斗前出一跳下昂，后出华栱，前斜出泥道栱、泥道慢栱，后斜出华栱。一跳下昂上交互斗前承二跳下昂，后出二跳华栱。二跳华栱上承乳栿前出耍头，后穿过金柱上铺作出楷头木。交互斗前斜出瓜子栱，后斜出六分头与令栱相交承罗汉枋。前瓜子栱、泥道慢栱上承耍头与令栱相交共承替木、牛脊槫。

次间柱头铺作：五铺作重栱出双下昂里转五铺作重栱出两杪。栌斗两侧泥道栱、泥道慢栱，瓜子栱、瓜子慢栱、令栱。前出两跳下昂，后出两跳华栱与令栱相交承罗汉枋，二跳华栱上承乳栿前出耍头，后穿过金柱上铺作出楷头木。补间铺作为一斗三升隐刻铺作。

大木构架：正殿木构架四椽栿压前乳栿通檐用三柱。乳栿贯穿前檐柱头铺作、金柱头铺作承四椽栿。乳栿上施柁墩承襻间铺作。铺作栌斗前后出劄牵与令栱相交承替木、前下平槫，劄牵后尾与四椽栿上蜀柱相连，四椽栿上前、中、后三根蜀柱承襻间铺作。其中后蜀柱上襻间铺作同乳栿上铺作作用相同，与金蜀柱相连。金蜀柱上襻间铺作以平梁相连接，平梁上设蜀柱承丁华抹颏栱，蜀柱两侧设柁墩，丁华抹颏栱两侧与叉手连接共承脊槫。

05　正殿梁架

06　正殿梁架

07　正殿梁架

08　正殿斗栱

内山墙白灰抹面，绘有壁画。

正殿屋面槫上铺设圆椽，部分圆椽带梭头，前檐椽上踩飞，飞出 0.440 米，飞头 0.5 米，飞尾 0.95 米，前檐椽出 0.875 米，后檐椽出 0.870 米。前檐部椽上设望板，前檐下金部椽上设望砖。

09　正殿内前墙彩绘

10　正殿内前墙彩绘

11　左耳殿壁画

12　正殿遗物

13　院内铺地碑

（二）东朵殿

东朵殿位于正殿东侧，坐北面南。面阔三间，进深五椽，单檐硬山顶。梁架结构为六檩前插廊。明代遗构。

东朵殿占地面积 24 平方米。前出台明，条砖铺墁，压沿石收边。

东朵殿共设前廊柱 2 根，柱下设圆形鼓径柱础石。柱头间设月梁形额枋，其上平板枋。平板枋上设柱头科 2 攒。坐斗两侧出翼形栱与挑尖梁前出龙形耍头相交，承随檩枋、檐檩。明间平身科设荷叶墩。

五架梁置于前后墙上，五架梁上前后设金瓜柱承三架梁、前后金檩、替木。三架梁中间设脊瓜柱承丁华抹亥栱与两侧叉手相交共承脊檩。廊部挑尖梁前出耍头置于坐斗之上，后尾插入前墙内。

东朵殿前后墙外包砖砌筑，内土坯砌筑。东山墙青砖砌筑，西山墙与正殿共用一堵墙。内下槛墙青砖砌筑，上土坯砖外抹灰，后墙绘有人物壁画，山墙外抹麦秸泥，麦秸泥下有壁画。

檩上圆椽、望板，望板上铺设灰陶仰合瓦，灰陶正脊。

（三）西朵殿

西朵殿位于正殿西侧，坐北面南，面阔三间，占地面积 29 平方米，单檐硬山顶。清代遗构。

廊部设两根砂石廊柱。柱上施额枋、平板枋，斗栱位于平板枋上。廊柱上各施一攒柱头科斗栱，坐斗两侧出翼形栱与挑尖梁前出耍头相交，承檐檩、随檩枋。檩上设椽，椽上施望板、屋面瓦件。

（四）鼓楼

鼓楼位于东朵殿东侧，坐北向南。清代遗构，三层建筑。一、二层楞木上承木楼板、地砖，其中二、三层地面均设楼梯口。五架梁置于前后墙上，鼓楼墙体内土坯外包砖砌筑。五架梁上前后设金瓜柱承三架梁、前后金檩、替木。三架梁中间设脊瓜柱与两侧叉手共承脊檩。檩上设椽，仰合瓦屋面。鼓楼每层都均装修，一层装修设拱券板门，"8"形窗，二、三层设窗。

（五）东厢房

东厢房位于院落东侧，坐东面西，面阔五间，进深五椽，占地面积 82 平方米，单檐悬山顶。梁架结构为六檩前插廊。清代遗构。

东厢房前出台明，压沿石收边。殿内地面、台明地面条砖十字缝铺墁。东厢房共施圆木柱六根，柱下设青石方形雕花柱础石，柱础石下设方形柱顶石。

柱头施月梁形额枋，额枋上设平板枋。柱头科斗栱置于平板枋上，坐斗两侧出翼形栱，与抱头梁前出龙形耍头相交，承前檐檩、随檩枋。平身科设荷叶墩。

五架梁置于前后墙上，五架梁上前后设金瓜柱承三架梁、前后金檩、替木。三架梁中间设脊瓜柱承丁华抹亥栱与两侧叉手相交，共承脊檩。廊部抱头梁前出耍头置于坐斗之上，后尾插入前墙内。

屋面檩上设椽，椽上铺设苇席，干搓瓦屋面，南北两侧各设两垄梢瓦，灰陶卷草正脊。

东厢房墙体外包砖内土坯砌筑。前檐槛墙上设窗槛石，窗槛石雕刻如意卷草纹饰。南北梢间与次间均设隔墙。前檐明间设板门，板门门枕石前浮雕刻狮兽。

（六）西厢房

西厢房位于院落西侧，坐西面东。面阔五间，进深四椽，占地面积 51 平方米。单檐悬山顶。清代遗构。

五架梁置于前后墙上，五架梁上前后设金瓜柱承三架梁、前后金檩、替木。三架梁中间设脊瓜柱承丁华抹亥栱与两侧叉手相交，共承脊檩。

屋面檩上设椽，椽上铺设苇席。单檐悬山顶干搓瓦屋面，南北两侧各设两垄梢瓦。灰陶卷草正脊。

西厢房墙体外包砖内土坯砌筑。前檐槛墙上设青石"人"字纹窗槛石。明间与南次间内设隔墙。

前檐明间、南梢间设窗，南、北次间设板门。

（七）东厢房北耳房

东厢房北耳房位于东厢房与东朵殿之间，面阔三间，进深四椽。地面条、方砖纵墁，前出台明，压沿石收边。单檐仰合瓦屋面。五架梁置于前后墙上，五架梁上前后设金瓜柱，承三架梁、前后金檩、替木。三架梁中间设脊瓜柱与两侧叉手共承脊檩。檩上设椽，仰合瓦屋面。

东厢房北耳房为 20 世纪 80 年代临建。

（八）过廊

过廊位于东厢房与南房间，坐东向西。下设砖砌楼梯，楼楞木上承木楼板、地砖。檩条设于东厢房与南房墙体间，上搭设圆椽。清代遗构。

（九）南房与大门

南房位于庙宇南侧，原为过街阁，20 世纪 80 年代拆除过街阁改为平房。

大门位于庙宇西南侧，于 20 世纪 60 年代新建。

三、价值特色

（一）历史价值

全神庙承载着元至近代建筑的历史信息，为中轴线对称布局。后随着功能的改变，建筑本体及整体布局均有一些改变（增设、拆除）。如正殿经过历代维修，遗存有不同时期的特征，早期的梁架结构、楷头木使用和铺作的用材、形制、做法，明代维修时对部分柱子的更换，清代维修更换大量屋面构件，近代由于功能的改变，对其装修及墙体进行增设。院面增设临建，如东厢房北耳房。

（二）艺术价值

建筑举折平缓，梁架结构规整，梁栿形制古朴，造型优美，风韵独具。全神庙内石雕、木雕、彩绘、壁画和琉璃脊饰、脊刹的雕刻，无一不在体现全神庙的艺术魅力，表现了当地的社会风尚与风俗民情，具有较高的艺术价值。

（三）科学价值

全神庙从选址、布局、建筑都展现着传统建筑的科学技术水平和艺术造诣。建筑随地形高差而建，错落有致，远观层次高低分明。各殿梁架制作简练，举折和缓，形体固实，有抑有扬，轮廓秀丽，形体稳健，气势雄浑，庄重大方，为研究古代建筑提供了珍贵实例，具有重要的科学研究价值。

（四）综合结论

全神庙是一处具有很强代表性的古代建筑遗存，是同时期、同类型建筑艺术的杰出代表。它不仅有很高的文物价值，而且具有重要的历史、艺术和科学价值。

四、文献撷英

碑存

全神庙正殿西山墙上现镶嵌碑碣一块，明确记载"明万历三十九年（1611）重修"。

东厢房明间地面横铺一块石碑，为清嘉庆二十年（1815）立，记述全神庙补修之事。

村内小学收置存放石碑一块，记述创修底庙院（即全神庙）东西对庭六间之事。

庙内南房前压沿石部铺两块石碑，分别书"溪云起""岳日沉"，传为庙前过街阁楼东西匾额。

碑文录

碑文一

创修补修庙宇碑记

□□有创之者以始其基，必有继之者□□厥志。斯为之前，而美可彰；亦为之□，□盛可传。大较然也。村自嘉庆二十□□，因庙宇倾颓，耆老目惊心伤，始起□□之念，而先□正殿兴作，以及东殿，□□合骑门舞楼，皆经画而补葺之。殚□□年积累之功，犹未将庙内告厥成□。□而咸睹山门外荒芜地基，又欲□□之，以营筑室，故于道光十四年，合□□人图谋或以地亩捐资，或以人丁□□，爰创修东西对庭六间。又历数年，□□南戏台带耳楼七间，奈何功程浩□，□以骤致其成，所有土木之资，钱财人力，作苦之勤，与委屈周旋之方□□，未可尽述者，况上下数十年间而□□不齐，人民一□，又有不胜感慨者□□。咸丰元年，共以功延久远，不能奏□□多方□□以为丹膢之计，由是将□□妆，楹楠绘画，翚飞鸟□，焕然一新。□□已告竣，勒诸贞珉，自可永垂不朽。

里人庠生李清标撰并书

□丰元年孟冬月　石工里人赵美刊

碑记二

盖闻世间高广者无过天地，灵显者莫若神明。天下之□□□□□则有神明在焉。夫人之生也，赖天地以覆载，蒙神明而庇护，当尽诚尽敬以祈众神普降□祥，兆民并受其福矣。如是我村有朝三山进香之会，其来久矣。每□□□一□香头十人，合户轮流，三年一转。自道光八年香头积钱三千□□□□□余年，本利积钱共置香火田八亩七分，以及本庙挂匾酬神□□□□所□地名□家河中地五亩，以五四亩纳社粮，东至坡根，南至河南石岩上，西至河，北至河路马圈稍中。地二亩七分，四面皆至崖根。又马圈□圪套中地□□，东至坡根，南至□，西至底坡根，北至坡根。以至□十三年香会与社同□□地共□契□□社内照管收租，种地人对粮纳社，每年进香，社内贴香会钱一千六百文。兹恐年深日久，倘赤契有坏，废坠其事，特勒□碑，永为记耳。

大清道光一十三年七月十五日　□□社同立　石工赵美刊

参考文献

【专著】

[1] 晋城市地方志办公室：《［万历］泽州志》，北岳文艺出版社，2009 年。

[2] ［清］朱璋：《泽州府志》，山西古籍出版社，2001 年。

[3] 政协陵川委员会：《陵川历代文存选辑》，山西人民出版社，2018 年。

[4] 王振复：《中国建筑艺术论》，山西教育出版社，2001 年。

[5] 张保福、秦海轩：《晋城史话》，新华出版社，1998 年。

[6] 杨曾文：《中国佛教基础知识》，宗教文化出版社，2005 年。

[7] 刘畅：《山西北马玉皇庙》，天津大学出版社，2016 年。

[8] 陵川县志编纂委员会：《陵川县志》，中华书局，1997 年。

【论文】

[1] 张洁：《浅析晋城博物馆"晋城古建筑艺术"展中的文物活化问题》，《文物鉴定与欣赏》2021 年第 9 期。

[2] 陈哲英：《中国细石器起源于华北的新证据——塔水河石制品再认识》，载陕西省文物局、陕西省考古研究所、西安半坡博物馆编《中国史前考古学研究——祝贺石兴邦先生考古半世纪暨八秩华诞文集》，三秦出版社，2004 年。

[3] 杜水生：《山西陵川塔水河遗址石制品研究》，《考古与文物》2007 年第 4 期。

[4] 石金鸣：《试论太行山区的旧石器文化》，载王元青、邓涛主编《第七届中国古脊椎动物学学术年会论文集》，海洋出版社，1999 年，第 259 ~ 266 页。

[5] 张君梅：《从民间祠祀的变迁看三教融合的文化影响——以晋东南村庙为考察中心》，《文化遗产》2011 年第 3 期。

[6] 段建宏：《国家与民间社会中的三教信仰——对山西三教堂的考察》，《社会科学论坛（学术研究卷）》2009 年第 12 期。

[7] 张君梅：《晋城地区的三教堂考》，《沧桑》2014 年第 5 期。

[8] 王学宾：《白马寺齐云塔修建者栖岩彦公考》，《黄河科技学院学报》2021 年第 6 期。

[9] 李朝霞：《忠义与孝道——论晋东南地区陵川南神头二仙庙清壁画的图像生成》，西安工程大学博士学位论文，2022 年。

[10] 宋婵娟：《山西晋城地区二仙庙宇的美学研究》，四川师范大学硕士学位论文，2017 年。

[11] 清华大学建筑学院刘畅、刘芸、李倩怡：《山西陵川北马村玉皇庙大殿之七铺作斗栱》，《中国建筑史论汇刊》第四辑，中国建筑工业出版社，2011 年，第 169 ~ 197 页。

[12] 贺从容：《山西陵川崇安寺的建筑遗存与寺院格局》，《中国建筑史论汇刊（第六辑）》，中国建筑工业出版社，2012 年，第 86 ~ 134 页。

[13] 常铁伟：《山西陵川崔府君庙山门楼的结构特征及价值初探》，《河南建材》2019 年第 6 期。

[14] 刘云聪、徐怡涛：《层累与互征：社会史研究中建筑实物史料的价值——以山西陵川郊底白玉宫为例》，《文物季刊》2022 年第 3 期。

[15] 张驭寰：《陵川龙岩寺金代建筑及金代文物》，《文物》2007 年第 3 期。

【其他】

[1] 吕舟、刘畅、徐世超等：《山西陵川西溪二仙庙文物保护规划》，北京清华城市规划设计研究院文化遗产保护研究所，2008 年 8 月。

[2] 吕舟、刘畅、军镁扎西等：《山西陵川县小会岭二仙庙文物保护规划》，北京清华城市规划设计研究院文化遗产保护研究所，2008 年 8 月。

[3] 吕舟、刘畅、徐世超等：《山西省陵川县北吉祥寺文物保护规划》，北京清华城市规划设计研究院文化遗产保护研究所，2010 年 8 月。

[4] 吕舟、刘畅、叶扬等：《山西省陵川县崔府君庙文物保护规划》，北京清华城市规划设计研究院文化遗产保护研究所，2010年8月。

[5] 吕舟、刘畅、项瑾斐等：《山西省陵川县龙岩寺文物保护规划》，北京清华城市规划设计研究院文化遗产保护研究所，2010年8月。

[6] 吕舟、刘畅、李贞娥等：《山西省陵川县南吉祥寺文物保护规划》，北京清华城市规划设计研究院文化遗产保护研究所，2010年8月。

[7] 孙燕、刘煜、徐桐：《山西省陵川县崇安寺文物保护规划》，北京清华同衡规划设计研究院文化遗产保护研究所，2013年12月。

[8] 刘煜、谭镭、徐桐等：《山西省陵川县白玉宫文物保护规划》，北京清华同衡规划设计研究院有限公司文化遗产保护研究所，2014年5月。

[9] 刘煜、谭镭、徐桐等《山西省陵川县南神头二仙庙保护规划》，北京清华同衡规划设计研究院有限公司文化遗产保护研究所，2014年6月。

[10] 刘煜、谭镭、徐桐等《山西省陵川县石掌玉皇庙文物保护规划》北京清华同衡规划设计研究院有限公司文化遗产保护研究所，2014年6月。

[11] 刘煜、谭镭、徐桐等《山西省陵川县寺润三教堂文物保护规划》北京清华同衡规划设计研究院有限公司文化遗产保护研究所，2014年6月。

[12] 王紫微、魏青、刘煜等《山西省陵川县玉泉东岳庙文物保护规划》 北京清华同衡规划设计研究院有限公司文化遗产保护研究所，2014年12月。